El arte en la era de la máquina

Carlos A. J. Molinari

El arte en la era de la máquina

*Conexiones entre tecnología y obras de arte pictórico
1900-1950*

Colección UAI - Investigación

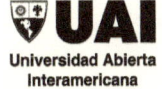

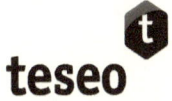

Molinari, Carlos A. J.
El arte en la era de la máquina : conexiones entre tecnología y obras de arte pictórico : 1900-1950 . - 1a ed. - Buenos Aires : Teseo; Universidad Abierta Interamericana, 2011.
174 p. ; 20x13 cm. - (UAI - Investigación)
ISBN 978-987-1354-95-5
1. Arte.Investigación. I. Título
CDD 701

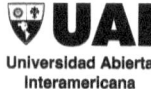

Universidad Abierta Interamericana

© UAI, 2011

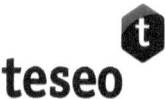

© Editorial Teseo, 2011

Teseo - UAI. Colección UAI - Investigación

Buenos Aires, Argentina

ISBN 978-987-1354-95-5

Editorial Teseo

Hecho el depósito que previene la ley 11.723

Para sugerencias o comentarios acerca del contenido de esta obra, escríbanos a: **info@editorialteseo.com**

www.editorialteseo.com

UNIVERSIDAD ABIERTA INTERAMERICANA

Autoridades

Rector: Dr. Edgardo Néstor De Vincenzi
Vice-Rector Académico: Dr. Francisco Esteban
Vice-Rector de Gestión y Evaluación: Dr. Marcelo De Vincenzi
Vice-Rector de Extensión Universitaria: Ing. Luis Franchi
Vice-Rector Administrativo: Mg. Rodolfo N. De Vincenzi
Decano Facultad de Ciencias Empresariales: Dr. Fernando Grosso

Comité editorial

Lic. Juan Fernando Adrover
Arq. Carlos Bozzoli
Mg. Osvaldo Barsky
Dr. Marcos Córdoba
Mg. Roberto Cherjovsky
Mg. Ariana de Vicenzi
Dr. Roberto Fernández
Dr. Fernando Grosso
Dr. Mario Lattuada
Dra. Claudia Pons
Dr. Carlos Spector

Los contenidos de libros de esta colección cuentan con evaluación académica previa a su publicación.

PRESENTACIÓN

La Universidad Abierta Interamericana ha planteado desde su fundación, en el año 1995, una filosofía institucional en la que la enseñanza de nivel superior se encuentra integrada estrechamente con actividades de extensión y compromiso con la comunidad, así como con la generación de conocimientos que contribuyan al desarrollo de la sociedad, en un contexto de apertura y pluralismo de ideas.

En este marco, la Universidad ha decidido emprender junto a la editorial Teseo una política de publicación de libros, con el objetivo de fomentar la difusión de los resultados de investigación de los trabajos realizados por sus docentes e investigadores y, a través de ellos, contribuir al debate académico y al tratamiento de problemas relevantes y actuales de la sociedad. El contenido de estas obras no expresan opinión o posición institucional, sino exclusivamente la de los autores de las obras, respetando los principios de libertad de pensamiento creativo y de rigurosidad académica promovidos por la Universidad Abierta Interamericana.

La *colección investigación Teseo-UAI* abarca distintas áreas del conocimiento, reflejando tanto la diversidad de carreras de grado y posgrado dictadas por la institución académica en sus diferentes sedes territoriales, como las líneas estratégicas de investigación programadas por sus facultades y centros de altos estudios. De esta forma, las temáticas desarrolladas se extienden desde las ciencias médicas y de la salud, pasando por las ingenierías y tecnologías informáticas, hasta las ciencias sociales y humanidades.

El modelo o formato de publicación elegido para esta colección merece ser destacado, en la medida en que posibilita un acceso universal a sus contenidos: los libros se distribuyen por la vía tradicional impresa –en determinadas librerías– y por nuevos sistemas globales, tales como la impresión a pedido en distintos continentes, la descarga de *eBooks* a través de tiendas virtuales y la difusión web de sus contenidos gracias a Google Libros, entre otras bases y buscadores.

Con esta iniciativa, la Universidad Abierta Interamericana ratifica una vez más su compromiso con una educación superior que mejore su calidad en un proceso constante y permanente, así como con el desarrollo de la comunidad en la que se encuentra inserta, desde el plano local al internacional.

Dr. Mario Lattuada
Secretaría de Investigación
Universidad Abierta Interamericana

ÍNDICE

Universidad Abierta Interamericana
Autoridades 7
Comité editorial 8

Presentación 9

Introducción 15

Capítulo I. Marco conceptual 25
Sobre los conceptos de *técnica* y *tecnología* 26
¿Qué es una obra de arte? 42

Capítulo II. Arte y técnica, un fértil camino compartido .. 51
De los primeros humanos al Renacimiento 51
Del Renacimiento a la Revolución Industrial 64

**Capítulo III. Vanguardias
y subversión del arte pictórico** 75

Capítulo IV. Argentina: el camino del arte concreto 97
Nuevos escenarios en el cambio de siglo 97
El espacio del arte 103
Ruptura e innovación 106
La abstracción 111
El arte concreto 115

Conclusiones 145

Bibliografía 157
Artículos en publicaciones periódicas, fascículos y Anuarios . 162
Filmografía 164
Catálogos de exposiciones y museos 164

Anexo I. Cronología política, cultural y tecnológica 165

La máquina es una frontera.
Es el extremo inteligente de la naturaleza
y el extremo material de nuestro espíritu.

Rafael Barrett

INTRODUCCIÓN

Una obra de arte es una construcción temporal, expresión de las relaciones sociales, económicas e ideológicas de su época, debiendo ser analizada por lo tanto dentro del sistema de cultura en el cual es producida y en la interacción de ese sistema con las variables que lo conforman, entre ellas, las técnicas. Técnica no sólo expresada como habilidad del que ejecuta la obra, sino también como productora de los materiales e instrumentos con los que se posibilita la ejecución de la obra de arte.

Se puede decir, por ejemplo, que el hallazgo de nuevos pigmentos hará viable, en el caso del arte pictórico, nuevas representaciones a partir del color, a la vez que impulsará la investigación de nuevos materiales para ligar esos pigmentos. En definitiva, el arte se sirve de la técnica para poder expresarse como tal, donde pincel, telas o color son el resultado de ella e insumo para la técnica del artista.

La obra de arte también se relaciona con los avances de la técnica, en el sentido de que esta última impulsa modificaciones en el imaginario social y, en consecuencia, lo que el artista va a representar como expresión de su época. Es posible observar, entonces, la existencia de múltiples interacciones entre la técnica y la obra de arte, al punto de que es imposible pensar una sin la otra.

A su vez, pensar la técnica es asimismo pensar en su relación con la ciencia, no sólo como soporte sino también como consecuencia de la primera. Una ciencia que además se encuentra ligada a la obra de arte, como en el caso de la perspectiva y su relación con la matemática y la geometría. Podemos sostener, entonces, como plantea C. P. Snow[1] refiriéndose al hombre de mediados del siglo XX, que la ciencia tiene que ser asimilada como parte de la totalidad de nuestra experiencia mental, en la cual se incluye la experiencia estética.

No obstante las múltiples conexiones existentes entre técnica, tecnología, ciencia y obra de arte, muchas de las cuales quedarán expuestas en este trabajo, este libro se basa en las relaciones entre tecnología y obra de arte, quedando por lo tanto fuera de nuestro campo de estudio las vinculaciones entre arte y ciencia.

A partir del siglo XIX –fundamentalmente en la segunda mitad–, con el desarrollo acelerado del capitalismo industrial y el consiguiente proceso de innovación tecnológica y sus aplicaciones, las relaciones históricas entre técnica y obra de arte se hacen más complejas y dinámicas a la vez.

El surgimiento de la fotografía no sólo señaló este "matrimonio" entre técnica –aunque en este caso deberíamos utilizar la palabra tecnología– y obra de arte en cuanto a su construcción, sino que además generó las posibilidades de reproducción de ese original, casi podríamos decir, en forma infinita.

Históricamente, como plantea Walter Benjamin,[2] la obra de arte ha sido siempre susceptible de ser reproducida a partir del original, ya sea a través de la imitación, la copia para el aprendizaje o el plagio. Hacia fines de la Edad Media, se utilizaban el aguafuerte y la xilografía,[3] que per-

---

[1] Snow, C. P., *Las dos culturas*, Buenos Aires, Ediciones Nueva Visión, 2000, p. 87.
[2] Benjamin, Walter, *La obra de arte en la época de su reproductibilidad técnica*, en *Discursos Interrumpidos*, Madrid, España, Taurus, 1973.
[3] El *aguafuerte* comienza su difusión masiva en Europa a comienzos del siglo XIV; la *xilografía*, si bien conocida en Oriente desde el siglo VII d. C., también se difunde en Europa en el siglo XIV.

mitieron la reproducción técnica de cara a las necesidades del mercado; así como a comienzos del siglo XIX comenzó a emplearse la litografía.

La técnica, entonces, no sólo influye en los procedimientos o en los materiales utilizados para realizar una obra de arte, sino que, también, a partir de su reproducción, impulsa cambios en los imaginarios sociales, que generan, a su vez, cambios de contenidos en la obra.

Benjamin cita a Marx para formular su idea acerca de cómo los cambios en las relaciones de producción,[4] aunque más lentamente que sobre la infraestructura, impactan sobre los campos culturales.

Con la aparición de la fotografía, la mano se descarga de sus incumbencias artísticas, pues el ojo es más rápido captando que la mano dibujando, igual que el operador de cine filma con la misma velocidad que el actor habla. Esto lo lleva a plantear: "Hacia 1900 la reproducción técnica había alcanzado un estándar en el que no sólo comenzaba a convertir en tema propio la totalidad de las obras de arte heredadas [...] sino que también conquistaba un puesto específico entre los procedimientos artísticos". Pero agrega que, aun en la mejor reproducción, falta algo, que es el aquí y ahora de la obra de arte, su existencia irrepetible en el lugar en que se encuentra. Este es el que denomina concepto de autenticidad.

Igualmente, debemos decir que autenticidad o, en otros términos, obra única e irrepetible no se contradice con reproducción técnica cuando Benjamin escribe la obra citada, pues la litografía o la fotografía ya posibilitaban reproducir, aun manteniendo el concepto de original. La tecnología estaba borrando las fronteras –por ejemplo,

---

[4] La primera publicación de este trabajo es de 1936, una época marcada por el conflicto, pero también, por un desarrollo importante del capitalismo y de las tecnologías aplicadas a la producción de bienes.

entre original y copia en fotografía o en una película– y se requería de nuevos conceptos de autenticidad.

Es en este marco relativo al impacto que genera la técnica en las obras de arte, donde nos planteamos el objetivo de investigar acerca de cómo se relacionaron los cambios técnicos y tecnológicos con la producción de obras de arte, tanto en lo que se refiere al contenido de la obra como al soporte físico utilizado, y cómo impactan estos cambios en el mismo concepto de obra de arte.

Aceptando que cuando Duchamp firmó un mingitorio estaba creando una obra de arte, este hecho produce un cambio profundo en relación con el propio concepto de arte, situación que estaría mostrando el gran impacto de las tecnologías de producción masiva –como después lo haría Warhol y su lata de sopa– en la producción y aceptación de qué es arte.

Si, como se intentará demostrar, la técnica y el arte son constitutivos del largo y complejo proceso de aparición del hombre sobre la Tierra, la tecnología llega con el capitalismo impulsando una nueva forma no sólo de producir, sino también de construir la realidad e interpretarla.

Es evidente que existe un fértil campo de intersecciones entre la técnica, la tecnología y las obras de arte a lo largo de la historia. No obstante, este trabajo, sin eludir el análisis de la evolución histórica del proceso de intercambio, se centrará en el impacto que produjeron las conexiones entre arte y tecnología en la primera mitad del siglo XX.

Hay que destacar que más allá del período de estudio seleccionado, éste no debe considerarse en forma rígida, pues, como cualquier límite de una etapa histórica, es arbitrario en la medida en que comprender los años en estudio implica pensarlos como parte de un proceso, complejo y dinámico en lo económico, político, tecnológico y artístico, que se relaciona con lo sucedido, fundamentalmente en

Europa –una de las vertientes de nuestra tradición cultural–, en los últimos treinta años del siglo XIX.[5]

Surge, en el período estudiado, una serie de cambios, como la masificación y los avances técnicos en la fotografía; el nacimiento del cine, la radio, la televisión y la telefonía; o los sistemas de producción en masa y la computadora, que no sólo impactaron sobre el arte, sino también sobre el conjunto de la dimensión cultural de la sociedad, pues generaron en el ser humano una nueva estructura mental donde la técnica aparecía como una variable dominante de la vida social, para bien, por su impulso hacia el progreso y el bienestar, y para mal, con su secuela de alienación, destrucción y muerte.

En este marco del paso a una nueva fase en la historia del capitalismo y del impulso que éste dio a la producción científica y tecnológica, el arte debía representar este nuevo estado de la sociedad.

Nuestro objetivo, entonces, es explorar las conexiones e interacciones entre la tecnología y la construcción de las obras de arte pictórico, y su impacto en la República Argentina a partir del arte concreto, centrando el análisis en el período que transcurre entre 1900 y 1950.[6] Hay que resaltar aquí que el objetivo es trabajar en las interseccio-

---

[5] Ver el anexo denominado "Cronología política, cultural y tecnológica", que muestra los distintos sucesos en un contexto de interacción entre ellos.

[6] Como se expresó con anterioridad, estas son fechas que no deben considerarse un corte estricto, sino más bien una unidad conceptual, pues el período abarca desde la consolidación en la segunda mitad del siglo XIX de la gran industria, hasta la segunda posguerra del siglo XX y el inicio del ciclo de expansión económica mundial. Pero también puede verse el período como la consolidación del modernismo en pintura –Clement Greenberg sitúa su inicio en Monet, mientras que Arthur Danto en Van Gogh y Cézanne– hasta el arte pop. Otra posibilidad es pensarlo como la etapa que va desde la creación, el crecimiento y la consolidación de las tecnologías de reproducción masiva de imágenes hasta la aparición de las computadoras electrónicas.

nes entre la historia del arte y la historia de la tecnología; dónde se conectan ambas para producir nuevas formas de expresión de la sensibilidad humana.

Se trata de investigar los cambios que provocaron esas conexiones y cómo ellos se encuentran integrados en una trama de relaciones sociales, económicas e ideológicas que constituyen la base de las transformaciones del arte, de las cuales emerge el arte concreto en la Argentina.

No obstante, el marco geográfico de estudio no puede ser exclusivamente la República Argentina, pues lo que aquí sucedió era influenciado por los cambios que se estaban produciendo tanto en Europa como en los EE.UU., no sólo en lo tecnológico, lo económico, lo político y lo social, sino también en la esfera del arte, constituyendo el entorno mundial en el cual se insertó la pintura argentina.

Estas conexiones entre técnica y obra de arte pueden examinarse desde el mismo inicio de la historia humana, pues el paso del mono al hombre fue posible por la interacción de un conjunto de hechos, entre los cuales se encuentra la técnica como capacidad de fabricar herramientas, pero también el lenguaje y la organización social para actividades como la caza y la defensa, que constituyeron un universo simbólico que guiaba a ese ser vivo en la comprensión y en la modificación de la naturaleza. El ser humano, al mismo tiempo que comprendía el mundo que le rodeaba, trataba de comprenderse a sí mismo.

Su subsistencia y la del grupo del que formaba parte dependían de la recolección y de la caza; esta última estaba ligada a la construcción de armas para matar y de herramientas para la posterior utilización de las partes del animal, pero también estaba relacionada con el desarrollo de la organización de los hombres en el proceso. La construcción de herramientas y la necesidad de comunicarse para organizar el acto de cazar fueron contribuyendo al desarrollo de su mundo simbólico, mundo que lo llevó a la búsqueda de atajos para su dominio sobre la naturaleza.

De esta manera, ingresa la magia en la historia del hombre. El cazador, al decir de Gombrich, citado por Burucúa,[7] se enmascara y se convierte en la imitación de su botín, pues cree que obtendrá, de esta forma, la presa antes de cazarla.

Esa magia pasa al estado de representación cuando nuestro antepasado necesita plasmar en las paredes de piedra de las cavernas, o a través de figuras en piedra o arcilla, los símbolos que posibilitan la concreción del acto mágico: cuando pinta el animal que va a ser cazado. Para realizar este acto, el hombre necesitó de una técnica para obtener pinturas, colores e instrumentos de pintura. Y esos mismos instrumentos estaban condicionando lo que podía representar.

Pero también el proceso que se ha descripto contribuyó a desarrollar su interpretación del mundo que lo rodeaba, que fue lo que expresó en sus primeras imágenes. La técnica no sólo era parte del proceso de construcción de su imaginario social, sino que además le dio los instrumentos para representarlo.

Este proceso de conexiones, que hemos de rastrear en este trabajo en distintos momentos históricos, va a conocer un punto de ruptura cuando se inicie el largo camino que pondrá fin a la denominada Edad Media y su reemplazo por la sociedad capitalista. Con ella ingresará en la historia la máquina, pero no como simple artefacto mecánico, sino como plataforma de un sistema productivo cuya consecuencia iba a ser la producción en masa.

---

[7] Burucúa, José Emilio, *Historia, arte, cultura. De Aby Warburg a Carlo Ginzburg*, primera edición, Buenos Aires, Fondo de Cultura Económica de Argentina, 2003, p. 23.

Esta transformación económica trajo aparejado un cambio social sin precedentes, modificando el entorno de los seres humanos que vieron su horizonte invadido por el humo de las industrias, su espacio auditivo por el ruido de la locomotora y todo su mundo sensorial por la velocidad de los nuevos medios de transporte y los nuevos productos que transformaban su vida cotidiana.

Un contexto como el descripto tenía que provocar cambios en las obras de arte, que necesitaban expresar el nuevo mundo que estaban construyendo los hombres. Y las preguntas eran: ¿cómo debía ser esa nueva obra de arte? ¿Cómo podía el arte representar la nueva realidad?

Las denominadas vanguardias artísticas que fueron surgiendo en Europa a inicios del siglo XX, como el cubismo, el dadaísmo, el surrealismo, el constructivismo y otras, fueron un intento, desde enfoques a veces contrapuestos, de comprender y plasmar ese mundo y dar respuestas a esas preguntas.

Nuestro país, a pesar de la distancia física –pero no emocional– que lo separaba de la Europa de los cambios tecnológicos y las vanguardias, iba a construir un espacio para la técnica, donde ésta también era sinónimo de progreso. Y ese imaginario técnico provocaría cambios en la sociedad que el arte asimismo necesitaba expresar.

Y es aquí donde un grupo de artistas, agrupados en el movimiento del arte concreto, no sólo van a retomar la tradición europea, sino que además se plantearán nuevos caminos para el arte en Argentina, tanto desde su práctica como desde la construcción teórica.

Es en este marco que se desarrolla nuestra hipótesis de trabajo, la cual sostiene que existen múltiples conexiones entre obra de arte y técnica y tecnología, donde estas últimas, por un lado, le entregan al artista las herramientas para expresarse –desde nuevos colores hasta programas de computadora–, y por otro, moldean su mundo sensorial influyendo también así en el propio contenido de la obra de arte.

Por lo tanto, la técnica y la tecnología son constitutivas del proceso de representación artística, pero mientras que la técnica siempre formó parte del proceso de construcción de esa obra que denominamos "de arte", la tecnología ingresa en el arte desde afuera de él, como producto del desarrollo del capitalismo, y modifica la forma, el contenido y la propia percepción de la obra de arte.

No pensamos en la tecnología como un hecho autónomo que impulsa los acontecimientos históricos por sí sola, ya que como lo describen Leo Marx y Merritt Roe Smith,[8] refiriéndose a los que denominan deterministas blandos, la tecnología opera en una matriz, donde se intersectan variables sociales, económicas, políticas y culturales. Más bien entendemos en este trabajo a la tecnología como una causa determinante de las transformaciones que se operan en la sociedad, modificando la percepción de la realidad, tanto del artista como del receptor.

Debemos señalar que durante distintos períodos históricos, pero especialmente a fines del siglo XIX e inicios del XX, la situación planteada en relación con las vinculaciones entre técnica y/o tecnología, por una parte, y obra de arte y cultura, por la otra, fueron objeto de profundos y fértiles debates, que repercutieron en la producción de los artistas, que se encontraban tratando de expresar los cambios que se estaban produciendo en la sociedad de la que formaban parte.

Nos interesa, fundamentalmente, reflejar en esta obra esos debates, ya que fueron los que impactaron sobre la producción artística en el período analizado. Esto no implica despreciar todos los aportes de la segunda mitad del

---

[8] Marx, Leo y Smith, Meritt Roe (eds.), *Historia y determinismo tecnológico*, Madrid, España, Alianza Editorial, 1996, pp. 15-17.

siglo XX e inicios del XXI en los estudios de la técnica y la tecnología, pero haremos hincapié en lo que en cada momento se encontraba en discusión. Trataremos de analizar qué les sucedía a los artistas en cada momento histórico y por qué pintaban lo que pintaban, lo cual era el producto de los cambios y los debates de su tiempo.

CAPÍTULO I. MARCO CONCEPTUAL

Cuando definimos una palabra no hacemos sino invitar a los demás a usarla como querríamos que se la usase.

C. Wright Mills[9]

Explorar las conexiones existentes entre obra de arte y tecnología requiere –en primera instancia– definir desde qué concepción de arte y tecnología se aborda el problema. Al mismo tiempo, obliga al análisis del significado del vocablo *técnica*, ya que ella se encuentra indisolublemente ligada a la tecnología, en la medida en que la última deriva de la primera, y no sólo en términos etimológicos.

Es evidente que el estudio acerca de las múltiples interpretaciones concebidas respecto de cada una de estas palabras ha sido y es motivo de específicos y constantes trabajos de investigación, quedando, por lo tanto, fuera del alcance y de los objetivos de esta obra realizar un estudio exhaustivo de la evolución histórica de los conceptos mencionados, así como de los debates generados en torno a ellos. Pero esta situación no nos debe impedir la tarea de construir los conceptos, tanto de *obra de arte* como de *técnica* y *tecnología*, que permitan establecer un marco acerca del sentido en que son utilizados los vocablos en este libro.

---

[9] Wright Mills, Charles, *La imaginación sociológica*, primera edición, México, Fondo de Cultura Económica, 1961.

Sobre los conceptos de *técnica* y *tecnología*

Las palabras *técnica* y *tecnología* conducen a pensar en sucesos que se encuentran relacionados con el propio proceso de transformación de los primates en seres humanos y su desarrollo posterior hasta nuestros días.

Ya en su estudio acerca del proceso de evolución del mono hacia el hombre,[10] Federico Engels planteaba cómo el trabajo, expresado en la construcción de herramientas que fueron posibilitando la acción sobre el medio ambiente, había impulsado la aparición en la historia del *homo sapiens*. Proceso complejo el de la transformación del mono en hombre, que aunque no se agota en la construcción de instrumentos físicos, revela el papel que ellos desempeñaron dando nacimiento a lo que se denominará la "técnica".

Es interesante observar que, generalmente, tanto el término *técnica* como el término *tecnología* son utilizados como sinónimos o sin discriminación conceptual sobre los alcances y limitaciones de cada uno, situación confusa a la que se suma el anacronismo en su empleo.

Se puede decir que para su transformación en herramientas útiles de análisis, es una condición responder a una serie de preguntas tales como: ¿están expresando estos términos una misma idea? ¿Cuál es la relación existente entre ellos? ¿Qué cambios han sufrido en los distintos contextos históricos?

De aquí la necesidad de discriminar con claridad cómo se está utilizando cada palabra, pues, según se expondrá, existen diversos criterios acerca de su significado, los cuales se expresan en el debate generado entre la segunda mitad

---

[10] Engels, Federico, "El papel del trabajo en la transformación del mono en hombre", en Donat, Meter y Ulrich, Herbert, *Así se elevó el hombre sobre el reino animal*, Buenos Aires, Editorial Cartago, 1975.

del siglo XIX y la primera mitad del XX, así como en sus acepciones en la actualidad.

En el *Diccionario de la Lengua Española*,[11] *técnica* o *técnico* se define como "perteneciente o relativo a las aplicaciones de las ciencias y las artes", pero también, como "conjunto de procedimientos y recursos de que se sirve una ciencia o un arte". Por lo tanto, las acepciones están relacionadas con los procedimientos, las aplicaciones, lo que se denomina *el hacer*, en el mundo de las ciencias y de las artes.

Si se considera la etimología de la palabra, *técnico* proviene del latín *technicus*, a su vez tomado del griego *tekhnikós*, relativo a un arte, 'técnico', y derivado de *tékhnè*, que es 'arte', 'industria', 'habilidad', 'expediente'.[12]

Independientemente de que a partir de lo definido se puede decir que *técnica* –o *técnico*– se refiere en especial al hacer, a las habilidades para realizar algo que es relativo al arte, o la industria, o la ciencia, queda claro que el origen de la palabra remite a la antigua Grecia.

O sea que si *tékhnè* surge en ese contexto, es el espacio adecuado al cual acudir para la construcción de su significado. Pero el inconveniente, tal como plantea Alicia Olabuenaga García,[13] es que el concepto clásico de *techné* poco tiene que ver con el de técnica que utilizamos en la actualidad. Igualmente, se puede decir, como sostiene Alfredo Llanos en su prefacio a la *Poética*,[14] que las palabras

---

[11] Real Academia Española, *Diccionario de la Lengua Española*, tomos I-II, Madrid, Espasa Calpe, Madrid, 2001.

[12] Corominas, Joan, *Breve diccionario etimológico de la lengua castellana*, tercera edición, Madrid, Gredos, 1973.

[13] Olabuenaga García, Alicia, "De la técnica a la *techné*", en *A PARTE REI. Revista de Filosofía*, núm. 1, junio de 1997. Disponible en línea: http://serbal.pntic.mec.es (fecha de consulta: mayo de 2005).

[14] Aristóteles, *Poética*, Buenos Aires, Editorial Leviatán, 2004.

arte, *poesía* y *poeta* tampoco tienen equivalencia directa, ni lingüística ni histórica, en los idiomas modernos.

En la Grecia antigua, según Pierre-Maxime Schuhl,[15] no existía la división entre las Bellas Artes y las Técnicas. Cuando Platón clasifica a Tales de Mileto entre los hombres bien dotados para las artes mecánicas, está mostrando cómo se engloba en esta idea de la técnica todo tipo de artes, tanto mecánicas como liberales, que serían las intelectuales.

Si se considera que arte y producción material significaban lo mismo para los griegos, el concepto de *técnica* es sumamente amplio, al punto de relegar al artista al rango de obrero manual.[16] De esta manera, Plutarco relacionó a Fidias y a Policleto con los perfumeros y tintoreros.

Pero tampoco la *techné* tiene una única acepción en el mundo griego, ya que evolucionó desde el período denominado arcaico hasta el clásico. Según Olabuenaga García, técnica y ciencia conforman una unidad en el mundo presocrático, pues no existen como unidades separadas. Sostiene, citando a Farrington, que las técnicas sirven de modelo a la ciencia teórica, porque el conocimiento práctico contenido en las técnicas permite convertirlo en un método de análisis de los fenómenos naturales. Así, el nacimiento de la ciencia estaba ligado al sistema tecnológico. Hay que marcar aquí que la autora utiliza el término *tecnológico* por única vez en su trabajo sin determinar si es o no lo mismo que *técnica*, lo cual es una muestra de las confusiones señaladas al inicio.

En la Grecia clásica, la *techné* adquiere ya un carácter práctico, y se produce "la separación radical entre la ciencia y la técnica, así como un cierto patrón técnico debido a la

---

[15] Schuhl, Pierre-Maxime, *Maquinismo y filosofía*, Buenos Aires, Argentina, Ediciones Galatea Nueva Visión, 1955, p. 23.
[16] Schuhl, Pierre-Maxime, ob. cit., p. 105.

devaluación del trabajo de los artesanos".[17] La esclavitud sería el hecho que explicaría la nueva situación de estos trabajadores.

Lo que hace el artesano es repetir una rutina que forma parte de la tradición. Ya no tiene que ver con la ciencia, sino que son habilidades prácticas que no conducen a la innovación. Entonces, en Platón y Aristóteles, el que posee la *techné* no es por ejemplo un alfarero, sino un médico o un ingeniero.

Para Cornelius Castoriadis,[18] comprender el concepto de *técnica* implica, también, partir de la palabra griega *techné*, que remonta sus orígenes al verbo antiguo *teuchô*, al que Homero da el sentido de 'fabricar', 'producir', 'construir'. Se cumple así el pasaje de este sentido al de 'hacer ser', 'traer a la existencia'. Su derivado *tuktos*, 'bien construido' o 'bien fabricado', significa también 'terminado', 'acabado', 'completo'. Así, *techné*, 'producción' o 'fabricación material', se convierte en "la producción o el hacer eficaz",[19] en el saber hacer productivo atinente a una ocupación, y posteriormente, a partir de Herodoto, Píndaro y los trágicos, en el método, el saber hacer eficaz.

En un largo proceso, el saber hacer eficaz fue evolucionando hacia el concepto de *creación*. Es Platón quien sostiene en *El banquete*: "Ya sabes que la palabra poesía[20] tiene numerosas acepciones, y expresa en general la causa que hace que una cosa sea la que quiera pasar del no ser al ser en creación, de suerte que todas las obras de todas las artes son poesía y que todos los artistas y todos los obreros

---

[17] Olabuenaga, García Alicia, ob. cit., p. 6.
[18] Castoriadis, Cornelius, "Técnica", en *Revista Artefacto. Pensamientos sobre la técnica*, Buenos Aires, núm. 5, verano de 2003-2004, pp. 50-66.
[19] Castoriadis, Cornelius, ob. cit.
[20] Poesía acá es *hacer*, pero en especial versos y música.

son poetas".[21] A continuación, aclara que la denominación de poetas no se da a todos los creadores, sino a un tipo particular de ellos.

Esta idea es retomada por Aristóteles, para quien la *techné* es un *hexis* ('hábito', 'disposición permanente adquirida') *poietiké*, o sea, es una actividad creadora que difiere de la *praxis* en que su fin es un *ergon* ('obra', 'resultado'), que existe en forma independiente de la actividad que lo hizo ser y que vale, incluso, más que ésta.[22]

Entonces, para los griegos, la técnica es un saber hacer eficaz, una producción que abarca todas las actividades, todas las artes, "desde las recetas de cocina hasta las prescripciones de higiene";[23] pero también es una actividad creadora, una *poiesis* que produce un resultado.[24] Pero deberíamos agregar que, para los griegos clásicos, la *techné* no sólo tiene una finalidad exterior –el saber y el hacer–, sino que además incluye una finalidad ética, por lo tanto, política. Sófocles, en su *Antígona*, hace decir al coro que el hombre posee una sabiduría superior a la esperable y

---

[21] Platón, *Diálogos. Critón, Fedón, El banquete, Parménides*, Buenos Aires, Edaf, 1999, p. 197. Existen diferencias en las distintas traducciones de este diálogo, pero hay que resaltar que no existen diferencias en lo conceptual con respecto al pasaje del no ser al ser y la denominación de poetas a quienes realizan esa acción.

[22] Citado por Castoriadis, Cornelius, ob. cit.

[23] Schuhl Pierre-Maxime. ob. cit. p. 24.

[24] Igualmente hay que destacar que para los clásicos, la *techné* se relacionaba con el creador que la posee y no con el artesano, pues el trabajo de este último no conduce a la innovación sino a la repetición. Aristóteles da el caso del que construye un timón; el carpintero sabe de la forma o la madera para ser construido, pero quien posee la *techné* de la navegación conoce el porqué de una forma o de utilizar un tipo de madera. O sea que se debe ser cuidadoso con la amplitud de criterio desarrollada por Schuhl o, como veremos, por Shiner, en cuanto al alcance del término. El sentido explicativo no es constante en el mundo griego y las divisiones entre su utilización en el período arcaico y clásico pueden conducir a confusión.

la capacidad de urdir técnicas, que encamina unas veces al mal y otras al bien.[25]

Larry Shiner[26] también sostiene que *techné*, en su origen, abarcaba todas las habilidades, desde la música hasta fabricar zapatos o la medicina, por lo tanto, arte no se contraponía a artesanía, sino a naturaleza. Pero en el período romano o tardo helenístico, se produce una división y surgen las *artes liberales*, que abarcan lo intelectual, y las *artes vulgares o serviles*, que incluyen el trabajo físico y pago. La palabra latina *ars* se apropia, así, del concepto de la *techné*.

Castoriadis plantea que en la actualidad, prácticamente, no nos hemos apartado del significado del término griego, pero donde se amplía el sentido original es donde las técnicas son, a la vez, el poder de producir mediante el hacer eficaz y de la utilización de elementos preexistentes y, también, un conjunto coherente de instrumentos en el cual se encarna ese poder. Este acercamiento del autor al mundo contemporáneo abre las puertas para transitar el sendero que lleva de la técnica a la tecnología. Lo que está diciendo es que la técnica no es sólo el hacer eficaz mediante un instrumento –por ejemplo, el torno del alfarero–, sino también utilizar elementos que ya existían ordenados de un modo coherente. Aquí cabe preguntarse: ¿no estaría hablando de la línea de producción?

Se puede decir que, quizá, contradiciendo a este autor, nos hemos apartado bastante de la acepción original en tanto que la hemos independizado de la ciencia y, también, de nuestro concepto de arte, aunque no de una idea más amplia de arte en cuanto al hacer eficaz, de arte como artesanía, del mismo modo que nos hemos apartado de

---

[25] Sófocles, *Antígona*, Buenos Aires, Biblos, 2005, p. 85.
[26] Shiner, Larry, *La invención del arte. Una historia cultural*, Barcelona, España, Ediciones Paidós Ibérica, 2004, p. 23.

la finalidad ética de la técnica y, por lo tanto, de sus implicancias políticas.

También plantea Castoriadis que la técnica no imita a la naturaleza, pues no es una continuidad de un modelo natural –no hay en la naturaleza un equivalente ni próximo ni lejano a la polea o el estribo–, sino que el producto de la técnica son creaciones absolutas y es el resultado de la creación de conjunto que representa cada forma de vida social. En este sentido, sostiene: "El abismo que separa las necesidades del hombre como especie biológica y sus necesidades en tanto ser histórico, está surcado por el imaginario del hombre, pero el instrumento utilizado para surcarlo es la técnica".[27] Tanto técnica como lenguaje se constituyen entonces en componentes del proceso de construcción simbólica que posibilita el paso del primate al ser humano, y es el arte –utilizando la palabra en su acepción actual– uno de los emergentes de ese proceso.

Castoriadis menciona en su artículo que la economía política académica descubre que a un estado de la tecnología pueden corresponder varias técnicas específicas para cada producción, pero no vuelve sobre la tecnología ni sus significados, o sobre las diferencias que podría tener con el término *técnica*, que por su frase, evidentemente, las tiene. Se repite la situación en que aparecen dos términos, pero sólo uno de ellos es definido dejando al otro en una zona gris.

Para Werner Sombart,[28] en 1911, en pleno desarrollo del debate acerca de la técnica y sus implicancias en la economía y en la cultura, la palabra *técnica* tiene dos significados. El primero, más amplio, da el nombre de técnico a

---

[27] Castoriadis, Cornelius, ob. cit., p. 57.
[28] Sombart, Werner, "Técnica y cultura", en Maldonado, Tomás (comp.), *Técnica y cultura. El debate alemán entre Bismarck y Weimar*, Buenos Aires, Ediciones Infinito, 2002, pp. 121-152.

"un determinado género de procedimientos y, por ende, a todos aquellos sistemas (o establecimientos) de medios que son idóneos [...] para alcanzar un determinado objetivo". Ejemplifica su concepto con la técnica del canto o del piano, la técnica utilizada para cantar bien o para tocar bien el piano. Se observa que no difiere en lo conceptual de lo planteado en cuanto al término griego: es un hacer bien.

Pero da otra definición de técnica, a la que denomina "técnica material" o "técnica instrumental", porque está pensando en el empleo de determinados instrumentos para lograr una determinada meta, con lo cual está ingresando en otra etapa de la técnica, que se corresponde más a su necesidad de explicar cómo funciona el concepto en una sociedad donde la producción ha adquirido otra magnitud, pues se trata de la sociedad capitalista.

Entonces, el autor propone otro concepto más restringido de técnica, al que cita como un concepto "auténtico" y que llama "técnica productiva" y, posteriormente, "técnica económica", que tienen que ver con "los procedimientos de los cuales nos servimos para la producción de los bienes materiales (y, por lo tanto, también para la producción de aquellos instrumentos cuyo empleo hace posible la técnica instrumental)". Pero este autor analiza otras técnicas, como por ejemplo la utilizada para combatir una epidemia, que pasa a ser una "técnica secundaria" que, a su vez, depende de la llamada "primaria", que es la productiva.

Con esta operación, cierra el pasaje de llevar el concepto de técnica como hacer eficaz independiente de los instrumentos a la nueva realidad, producto del capitalismo, donde la técnica se relaciona con el sistema productivo y con el instrumento que organiza la producción, la máquina. Lo que está haciendo Sombart es organizar el tránsito de la *techné* a la tecnología, aunque no utiliza este último término.

Ya a mediados del siglo XX, Lewis Mumford, al precisar su definición de técnica, establece la diferencia con tecnología. La técnica, para este autor, es "esa parte de la actividad humana en la cual, mediante una organización energética del proceso de trabajo, el hombre controla y dirige las fuerzas de la naturaleza, con miras a conseguir sus propios fines humanos".[29] No se destacan diferencias sustanciales con la *techné* griega, pues la esencia sigue estando en la actividad creadora, en todas las artes que traen del no ser al ser. No obstante, Mumford agrega otras características a la técnica, como la *uniformidad mecánica* y el *orden repetitivo*,[30] y aclara que se trata de una asociación probablemente existente desde el comienzo de la técnica, pero creciente con cada adelanto de ella. Obsérvese en este caso que técnica y tecnología aparecen unidas por la aceleración de la uniformidad, lo que es decir, de la estandarización en la sociedad capitalista, tema al que volveremos al desarrollar el concepto de tecnología.

La continuidad conceptual con la *techné* griega puede rastrearse en otros trabajos, como el del historiador del arte Alois Riegl, quien, en su obra sobre el arte industrial tardo romano, define el arte industrial como creación de carácter utilitario,[31] con lo cual está hablando de arte en el sentido que le daba Platón en *El banquete*, en la concepción griega de *techné*.

Se puede sostener, entonces, a los efectos de este trabajo y de acuerdo al desarrollo conceptual que se ha realizado partiendo del mundo griego antiguo, que la *técnica es un acto creador que consiste en un hacer eficaz, una habilidad para realizar algo, que persigue un resultado, un objetivo, y que no es independiente de la ética, de la política*. Igualmente, hay que destacar que la técnica *incluye las*

---

[29] Mumford, Lewis, *Arte y técnica*, edición en inglés de 1952, Buenos Aires, Editorial Nueva Visión, 1961, p. 17.
[30] Mumford, Lewis, *Arte y...*, ob. cit., p. 38.
[31] Riegl, Alois, *El arte industrial tardo romano*, Madrid, España, Visor Dis, 1992.

reglas para el uso del instrumento con el cual se pone en práctica, pues de eso se trata la habilidad.

En cuanto al término *tecnología*, también podemos partir del mundo de los griegos, donde el *logos* –según Castoriadis el hablar-pensar[32]–, se incorpora a la *techné*.

Para Ricardo Ferraro,[33] el uso de este término entre los griegos clásicos se refiere al estudio de la gramática y la retórica. Posteriormente, a mediados del siglo XVI, el gramático francés Pierre de la Ramée extiende el uso de esta palabra; ya no es el *logos* de una *techné* determinada, como la retórica, sino el *logos* de todas las *technai*.

Según Carozzi *et al.*,[34] la palabra *tecnología* es atribuida al germano Johann Beckman (1739-1811), para quien ésta se ocupaba de los inventos e industrias con connotaciones políticas y económicas. Hay que señalar aquí que Beckman ya la utiliza en el sentido de relación con la industria, lo que no es casual, ya que la propia técnica comienza a adquirir otras connotaciones con el desarrollo del capitalismo.

Se debe regresar, entonces, a lo señalado por Sombart en cuanto a la técnica productiva y su relación no sólo con los procedimientos, sino también con el sistema productivo y el instrumento. Tanto en este autor como en Beckman, más allá de las distancias cronológicas, hay un punto en común, y es que ambos van más allá del concepto de técnica como "hacer", en un momento en que dicho concepto no alcanza para explicar la nueva interacción entre las ciencias y su aplicación productiva.

Para la Real Academia Española, tecnología trata de un "conjunto de teorías y de técnicas que permiten el

---

[32] Castoriadis, Cornelius, ob. cit., p. 50.
[33] Ferraro, Ricardo, *Para qué sirve la tecnología*, Buenos Aires, Capital Intelectual, 2005, pp. 19-20.
[34] Carozzi, María Julia; Maya, María Beatriz y Magrassi, Guillermo E., *Conceptos de Antropología Social*, Buenos Aires, Centro Editor de América Latina,1980.

aprovechamiento práctico del conocimiento científico", así como de un "conjunto de los instrumentos y procedimientos industriales de un determinado sector o producto". Evidentemente, se trata ya de una idea sistémica acerca de la palabra. Las técnicas son una parte de la tecnología, pero los instrumentos –las maquinarias, ya que se refiere a la industria– también lo son.

En 1911, el mismo año del trabajo citado de Sombart, un norteamericano, Frederick Taylor, publica un libro titulado *The Principles of Scientific Management*, que es considerado –sin debatir aquí el acierto de esta afirmación– el primer paso en la construcción de la teoría de la gestión empresarial. Allí sostiene: "En el pasado, el hombre ha sido la pieza clave; en el futuro, la pieza clave será el sistema".[35] Taylor se refiere al sistema productivo, que era el centro de su interés, al destacar sus características en el sistema económico vigente: el capitalismo. Para este autor, la necesidad es adaptar la industria a las nuevas necesidades del sistema productivo, y por lo tanto, su preocupación está en la relación hombre-máquina y en el manejo de los tiempos, que, por otra parte, es el mismo problema que desde otra óptica aborda Sombart: adaptar la vieja concepción de la técnica a otro contexto histórico. Por otra parte, Taylor, al igual que posteriormente Mumford desde otro marco teórico, incorpora la uniformidad y el orden repetitivo como base de la producción capitalista del momento en que escribe.

El *logos* sobre la *techné*, el pensar sobre la técnica, es un pensamiento que posibilita abordar la nueva situación generada por la revolución científico-técnica, una fuerza impulsora de primer orden del capitalismo, especialmente en la segunda mitad del siglo XIX.

---

[35] Taylor, Frederick Winslow, *Management científico*, Madrid, España, Ediciones Orbis, 1984, p. 18.

Entonces, se puede pensar la *tecnología como un sistema en el cual se integran los instrumentos –máquinas y herramientas– y los procesos –las técnicas productivas que incorporan uniformidad mecánica y orden repetitivo– y que posibilita la transformación de los insumos en un resultado final, operando en cuatro dimensiones.*

En relación con la idea de las cuatro dimensiones, Álvarez Revilla *et al.*[36] proponen ver la tecnología en un escenario vivo, o sea, la herramienta, y también lo social y aquellos productos de la cultura que no son considerados en general tecnologías.

De esta manera, la sintetizan operativamente en lo que llaman una "cuatridimensión":

- *Tecnologías artefactuales.* Su dimensión "objetual" proporciona una unidad identificable. Como ejemplo, una herramienta o una máquina.
- *Tecnologías organizativas.* Hay una secuencia, establecen reglas de acción para seres humanos. Se trata de normas y procedimientos. Se puede decir que se trata de las técnicas, pero no sólo en el sentido del hacer bien, de la habilidad, sino también en el de incorporar la idea de técnica productiva. La habilidad aplicada a normas de producción en masa.
- *Tecnologías simbólicas.* Según los autores, se refieren a símbolos, signos, rituales, representaciones geométricas, topográficas, etc. Sustituyen los componentes reales por signos o, a partir de los signos, construyen posibles estados de cosas. Como ejemplos, se pueden considerar la cartografía o los programas de computadoras.
- *Biotecnologías.* El componente principal de estas tecnologías incide sobre la vida biológica. Se manipulan

---

[36] Álvarez Revilla, Álvar; Martínez Márquez, Antonio y Méndez Stingl, Roberto, *Tecnología en acción*, Barcelona, España, Ediciones Rap, 1993.

parcelas de lo vivo, modificando o potenciando su estado primigenio. Es el caso de la ingeniería genética.

No están planteadas estas cuatro dimensiones como compartimientos estancos, no hay tecnologías puras artefactuales o simbólicas. Existe, más bien, un componente dominante, pero en todas participan, en mayor o menor medida, las demás tecnologías, aunque hay casos en que alguna dimensión puede no formar parte de una particular tecnología.

Mientras que el concepto de *técnica* está ligado al saber hacer, el de *tecnología* se refiere a un proceso complejo y no lineal, de coordinación entre técnicas y artefactos resultantes de éstas, lo simbólico y la modificación de lo vivo. También hay que decir que a un estado de la tecnología pueden corresponder variadas y distintas técnicas. Por ejemplo, en una construcción se necesitan la habilidad del albañil, del yesero, del plomero, del electricista, etc., pero también deben confluir los materiales –ladrillos, cemento, cañerías–, las maquinarias e, incluso, los símbolos que ordenan en el trabajo, contenidos en los planos que elabora el arquitecto o en los cálculos del ingeniero. La tecnología es, así, un sistema donde se integran las técnicas y los instrumentos con las distintas dimensiones en que opera la tecnología.

Se ha señalado previamente en este trabajo el riesgo de utilizar conceptos fuera de su contexto histórico, analizar con categorías desarrolladas en el presente. No obstante, al trabajar sobre los vocablos *técnica* y *tecnología*, surgen situaciones ambiguas.

Por ejemplo, cuando los romanos construían sus baños públicos, debían utilizar ladrillos que tenían su propia técnica de fabricación, pero también necesitaban planificar desde el punto de vista arquitectónico, como sería el caso del diseño del domo. A su vez, también había que fabricar el concreto, la cerámica para los revestimientos, más toda la ingeniería hidráulica para proveer el agua a los baños, a lo que se podría agregar el sistema de calefacción, cada uno con su propia *techné*. En este caso, se podría aplicar el concepto de *tecnología*, pero si bien hay un modelo de repetición, de fabricación en serie –como el caso del concreto o los ladrillos– todavía no se ha transformado en un sistema masivo, como sí lo sería la construcción en el siglo XX, cuando ya es una tecnología estandarizada.

Por otra parte, falta algo más que le da vida al concepto de tecnología y es que en su base se encuentra el *conocimiento científico*. Independientemente de los avances realizados en las ciencias, lo cierto es que muchas de sus prácticas en el mundo romano eran el producto de la experiencia. Ya se ha planteado cómo en el mundo griego se observó este hecho de que la *techné* aportaba al desarrollo de la ciencia.

Entonces, si bien en la obra romana conviven varias dimensiones de las expuestas, no llegan todavía a configurar el concepto de *tecnología* en la medida en que no existe la producción en masa ni se asienta sobre el conocimiento científico.

Se podría decir que estas dimensiones estuvieron siempre presentes en las técnicas. Cuando el hombre del Mesolítico se transformó en pastor y agricultor, lo hizo domesticando animales, proceso que implicó indudablemente la modificación de "parcelas de lo vivo", utilizando la terminología de Álvarez Revilla *et al*. Pero la conjunción de características que se han enunciado para la tecnología sólo llegará durante el capitalismo.

Se pueden comprender las diferencias entre la técnica y la tecnología, tal como han sido definidas, a partir de analizar dos obras que hoy denominamos "de arte".

Cuando el explorador francés Henri Lothe describe sus descubrimientos en el Sahara,[37] específicamente en el Tasili, refiere como "hecho curioso y excepcional" que los autores de las pinturas rupestres las grababan como paso previo a la pintura. Cuenta que utilizaban para esta grabación trazos muy finos, como si se hubieran realizado con sílex. Incluso, pudo observar bocetos con multiplicidad de trazos, que asimila a los estudios de un dibujante moderno.

El boceto previo y la posterior pintura representan a la técnica como habilidad, el hacer bien, el acto creador, pero también aparecen otros componentes que se han identificados como dimensiones de la tecnología, como el caso del instrumento utilizado para pintar, que sería el artefacto. También está presente lo simbólico a partir del componente mágico de este tipo de pinturas. Como se analizará posteriormente, se puede identificar un cierto parentesco con las prácticas de la técnica, pero la existencia de los componentes no habilita a pensar en términos de tecnología, un vocablo que tiene significado en el contexto histórico del capitalismo y que funciona en el marco de un sistema de producción.

El otro caso de análisis es la obra *Conservación*, del artista Enrique Llambías.[38] Se trata de tres reproducciones de *El vaso de plata*, naturaleza muerta de Jean-Baptiste Simeón Chardin, cuyo original se encuentra ubicado en el museo del Louvre.

Llambías reemplaza digitalmente las frutas pintadas por frutas reales, fotografiadas con un intervalo de un mes en cada toma (16 de diciembre de 1996; 17 de enero de 1997;

---

[37] Lothe, Henri, *Hacia el descubrimiento de los frescos del Tasili. La pintura prehistórica del Sahara*, segunda edición, Barcelona, España, Ediciones Destino, 1975.
[38] Obra: *Conservación* (1997). Artista: Enrique Llambías. Infografía (mapa bits impreso) en tres paneles de 90 x 60 cm cada uno. Exposición: Relativo a la alimentación. En "Eterna Argentina", Buenos Aires, Avenida Santa Fe 3651. Año 2004.

19 de febrero de 1997). Éstas se contraponen con nueve autorretratos fotográficos –tres por cada panel– donde el autor se muestra ocupado en conservar su aspecto. Y las frutas inmutables desde el siglo XVIII en la obra original se van pudriendo en cada panel que representa el paso del tiempo en que fueron fotografiadas.

Para la realización de la obra, el autor utilizó una serie de técnicas y una compleja tecnología. Debió tomar las fotografías de las frutas, para lo cual utilizó el instrumento *cámara de fotos*, así como determinadas técnicas de toma[39] para lograr su objetivo. Luego, incorporó las imágenes obtenidas a una computadora, donde las fue reemplazando por sus fotos en la copia digital de la pintura original, y utilizó el artefacto *computadora personal* más una serie de procedimientos para operarla, así como el *software* adecuado. Ambos artefactos –cámara de fotos y computadora– fueron construidos y se operan a partir de una serie de técnicas que se integran, a su vez, en un proceso tecnológico. Pero, además, hay una técnica que es la central en la obra, que es la técnica del artista, la creación, las habilidades desplegadas para alcanzar el resultado, más allá del sistema y de las técnicas productivas que conforman la tecnología.

Se puede decir entonces que, independientemente de los planteos del artista, que se pueden pensar como relacionados con la perdurabilidad del arte, esta obra es el resultado de la aplicación de una técnica –la del creador– y de tecnología como medio y soporte físico para la construcción de una obra de arte.

Aquí surge el otro tema para considerar en relación con la tecnología, y es que no sólo provee herramientas de construcción, sino que además determina la posibilidad

---

[39] Iluminación, tipo de rollo fotográfico, apertura de diafragma, digitalización de la imagen si utilizó una cámara analógica, u otras técnicas, como si la cámara fue digital.

del artista de expresarse, ya que únicamente a partir de la imagen digital se puede concebir esta obra; se puede decir que no proporciona exclusivamente instrumentos para crear la obra, sino que a su vez impacta en el contenido.

Es importante, entonces, destacar las diferencias existentes entre la técnica como un hacer bien, un acto individual de relación entre el hombre y el instrumento, y la tecnología como un sistema de artefactos, símbolos y técnicas de procesos.

¿Qué es una obra de arte?

El historiador del arte Hans Belting publicó en 1984 un libro donde traza la historia de las imágenes piadosas en el Occidente cristiano, desde los tiempos del imperio romano hasta el 1400 d. C. Lo subtituló *La imagen antes de la era del arte*.[40] Según Arthur Danto, no decía que esas imágenes no fueran arte en un sentido amplio, "sino que su condición artística no figuraba en la elaboración de las mismas, dado que el concepto de arte aún no había aparecido realmente en la conciencia colectiva".[41] Por lo tanto, tenían un papel diferente en la vida de las personas que el que tiene hoy una obra de arte. Se puede decir, entonces, que el concepto de *obra de arte*, en el sentido de pensarse en forma autónoma como tal, es una construcción que tiene su origen en ese período que denominamos Renacimiento.

Partiendo de la Grecia clásica en nuestro análisis del concepto de arte, Aristóteles señala en la *Poética* que la epopeya y la poesía trágica, así como la comedia, el ditirambo o el arte de tocar la flauta son, de manera general,

---

[40] Belting, Hans, *Likeness and Presence: A History of the Image before the Era of Art*, Chicago, USA, University of Chicago Press, 1984. Citado por: Danto, Arthur C., *Después del fin del arte. El arte contemporáneo y el linde de la historia*, Buenos Aires, Editorial Paidós, 2003.
[41] Danto, Arthur C., ob. cit., p. 25.

imitaciones[42] que a su vez difieren de tres maneras: por la diferencia de clase en sus medios, o en los objetos, o en la manera de sus imitaciones. Aquí, señala el traductor de la obra que la palabra *imitación*, *mímesis* en griego, debe entenderse como 'representación'.

Entre los medios, Aristóteles cita el color y la forma para quienes imitan y dibujan objetos. Sobre los objetos, dice que los pintores proceden a representarlos mejores, peores o semejantes a lo que son. Cita a Polignoto entre quienes los representan superiores; a Pausón entre quienes los hacen peores; mientras que los de Dionisio son iguales. Y la tercera diferencia entre las artes está en la manera en como es representado cada tipo de objeto. Por ejemplo, se puede narrar en forma directa un personaje y asumir en otro momento otro personaje; o se puede representar toda la historia dramáticamente, como si se representasen los hechos descritos en realidad.

José Burucúa[43] explica el proceso de desarrollo de la idea de arte y lo que ella expresa a partir del hecho de que tanto griegos como romanos carecían de libros sagrados, y de esta manera, el arte era el lugar donde definir claramente lo divino y lo humano. Entonces, la poesía cumplía esas funciones sagradas y las artes figurativas contribuían a conservarlas y difundirlas. Tanto la poesía como la pintura y la escultura permitieron establecer el antropomorfismo de los dioses y explicaron, así, el linaje común con los hombres. Las artes visuales plantearon una "conjetura" sobre el aspecto de los dioses, con lo cual, lo conjetural se incorpora al sentido de representar y se desliza posteriormente hacia la imitación, la *mímesis*.

Jenofonte, citado por Burucúa, transcribe en sus *Recuerdos* un diálogo entre Sócrates y el pintor Parrasio.

---

[42] Aristóteles, ob. cit., pp. 19-20.
[43] Burucúa, José Emilio, *Historia y ambivalencia. Ensayos sobre arte*, Buenos Aires, Editorial Biblos, 2006, pp. 168-170.

Allí, el filósofo concluye que hay dos palabras para designar el campo de acción del pintor: 'lo que es posible de representar', *apeikazein*, y 'las cosas imitables', *mimeta*.

Burucúa continúa exponiendo que los romanos utilizaron varios vocablos para expresar el acto de fabricar imágenes por la imitación, entre ellos, el término latino *repraesentare*. Éste tenía una acepción jurídica, pero en un segundo significado realiza dos operaciones. Por una parte, "transpuso el conjeturar y sustituyó funcionalmente, como si fuera el verdadero y no su imagen". Pero a la vez, da cuenta de cómo la obra de arte es un producto de la destreza y del ingenio humano, más que de sus propiedades de conjeturar e imitar lo ausente.

Este antecedente, acerca de cómo los griegos y posteriormente los romanos pensaban el arte, alude a la capacidad de imitar, y a la vez, de representar, de acuerdo con la forma en que el artista ve la realidad y cómo la plasma con su destreza, pero siempre considerando que su condición artística no figuraba en la elaboración de estas obras.

El historiador del arte Ernst Gombrich[44] sostiene: "No existe, realmente, el Arte. Tan sólo hay artistas". Entre éstos, engloba a quienes realizaron pinturas rupestres o a los que pintan carteles en las estaciones del subterráneo. Entonces, dice que arte puede significar cosas distintas en épocas y lugares distintos, pero el arte con mayúscula tiene que ser por esencia "un fantasma y un ídolo". También hace hincapié en que no existe una definición estricta del arte, ya que se trata de un término escurridizo.[45]

Para Gombrich, existe lo que él denomina *formas artísticas*, que son "las actividades en que la función estética

---

[44] Gombrich, Ernst H., *La historia del arte*, Buenos Aires, Editorial Sudamericana, 2004, p. 15.
[45] Gombrich, Ernst H., *Breve historia de la cultura*, Barcelona, España, Ediciones Península, 2004, p. 125.

se desarrolla hasta constituir una tradición sólida". Y más adelante, agrega que son "actividades o técnicas que satisfacen una serie de exigencias y a veces aspiran a que se las ame y admire por el deleite que pueden proporcionar";[46] y resalta las últimas dos palabras, pues el arte no puede gustar o imponerse por la fuerza. Al definir una forma artística, Gombrich destaca la existencia de la *tradición*, el estilo en la formación de una obra. Su aserto se basa en una ley que sostiene que "nada puede proceder de la nada y todos los productos culturales tienen precedentes".[47]

En su idea del arte, también toma en cuenta lo que denomina la *maestría*, un concepto que debe analizarse en su vínculo con el estilo y la tradición. El creador no empieza desde cero, sino que va desarrollando sus condiciones imbuido en una atmósfera que conforman las normas de lo que denominamos estilo. No inicia su actividad de la nada, sino que desarrolla su maestría a partir de lo que otros antes crearon, pues el arte está inserto en la cultura. Esto no lo lleva a sostener que en el arte todo es una continuidad sin rupturas, ya que "no es un juego con reglas fijas, sino que inventa las reglas a medida que avanza".[48]

Esta idea de la maestría se relaciona con la de técnica, entendida esta última como acto creador, como el hacer eficazmente, pues, con posterioridad, vincula la maestría con los años de práctica y, en gran medida, el conocimiento exacto de los medios.

Cuando se produce una desviación de la tradición en el arte, o sea, cambios en la maestría, en los medios, estamos frente a lo que denomina *cuestión polémica polarizadora*. Se trata de principios que dividen en el arte, aunque no todos los desafíos a la tradición tienen que constituir una

---

[46] Gombrich, Ernst, *Breve historia*..., ob. cit., p. 122.
[47] Gombrich, Ernst, *Breve historia*..., ob. cit., p. 102.
[48] Gombrich, Ernst, *Breve historia*..., ob. cit., p. 129.

cuestión polémica. Así, la abstracción es presentada como un ejemplo de estas divisiones en el campo de la pintura.

También incorpora la cuestión del *canon*, cuya finalidad es ofrecer puntos de referencia, es decir, los criterios de excelencia que se han de utilizar para orientarnos en el mundo del arte. Gombrich utiliza una metáfora según la cual el canon nos muestra cimas para nuestra propia selección; su inexistencia nos mostraría dunas de arena.[49] Realizar en historia del arte un trabajo indiscriminado, como el de un arqueólogo para el cual todo es importante, conduciría, según este autor, al suicidio.

Por último, incorporamos su concepto de *verificación social*, idea que relaciona con los distintos comportamientos humanos, pero que desempeña un papel importantísimo en los juicios estéticos. Como no podemos acercarnos a una obra de arte sin una teoría y tampoco evaluar a los distintos artistas en forma independiente, la tradición representa una economía de tiempo para acceder al arte.

Para Gombrich, entonces, no hay definición de arte, pero sí de forma artística, que es una técnica que debe satisfacer ciertas exigencias: formar parte de una tradición y de un canon, y ser el producto de la maestría del autor. Pero también, la obra de arte está sujeta a la verificación social, donde entraría el gusto de una época, con lo cual, se encuentra estrechamente relacionada con su contexto histórico y social.

A su vez, no hay arte sin conocimiento, sin comprensión por parte del espectador, pues la obra significa lo que significa para quien la observa, aunque nunca, según Gombrich, se podrá saber qué significó para su creador, pues posiblemente ni él mismo lo hubiera podido decir.[50]

---

[49] Gombrich, Ernst, *Breve Historia…*, ob. cit., p. 143.
[50] Gombrich, Ernst, *Breve Historia…*, ob. cit., p. 133.

Para el filósofo Hans-Georg Gadamer,[51] la justificación del arte es un tema muy antiguo, pero es la Iglesia cristiana, fundamentalmente a partir de los siglos VII y VIII, quien le da un nuevo sentido al lenguaje de los artistas plásticos y, más tarde, a la poesía y a la narrativa. Pues el contenido del mensaje cristiano era el lugar donde podía legitimarse el lenguaje artístico que se había heredado de la antigüedad clásica.

Esto va a cambiar en la medida en que, con el fin de la Antigüedad, el arte tiene que aparecer como necesitado de justificación. La obra de arte había dejado de ser lo divino, pues en la cultura griega, lo divino y Dios se representaban en la forma de la expresión artística, pero el cristianismo ya no podía expresar adecuadamente su verdad en el lenguaje de las formas artísticas. Entonces, sugiere Gadamer, la justificación la llevan a cabo, a lo largo de los siglos, la Iglesia cristiana y la fusión humanista con la tradición antigua en lo que se llama el arte cristiano de Occidente.

A su vez, Gadamer nos plantea una escisión entre el arte como religión de la cultura y el arte como provocación del artista moderno.[52] Tomando como base la historia de la pintura, muestra que, en la segunda mitad del siglo XIX, aparece la provocación moderna cuando se quiebra uno de los presupuestos fundamentales con que las artes plásticas se comprendían a sí mismas: "la validez de la perspectiva central"[53] en la observación de la obra de arte.

Si bien la perspectiva central aparece como una forma histórica y pasajera, su ruptura y la aparición de la creación contemporánea, como el cubismo, destruyen la idea de que un cuadro es una visión de algo, como por ejemplo, de la

---

[51] Gadamer, Hans-Georg, *La actualidad de lo bello*, Buenos Aires, Ediciones Paidós, 2003.
[52] Se puede observar la relación entre el planteo de Gadamer y el de Belting, citado por Danto.
[53] Gadamer, Hans-Georg, ob. cit., p. 37.

naturaleza. Para ver un cuadro, ya no hay que limitarse a observar pasivamente, sino que habrá que sintetizar las facetas cuyos trazos aparecen en el lienzo. Igual sucede para el autor en el caso de la música moderna al hacerse claro el contraste entre las nuevas y las viejas formas del arte.

Posteriormente, Gadamer señala que el arte hoy representa una tarea para el pensamiento, pero esta tarea implica abarcar tanto el arte del pasado como el moderno, pues este último extrae sus fuerzas del primero. No sólo el artista, sino también el receptor están inmersos en la simultaneidad de pasado y presente. Así, el artista moderno busca una nueva forma de comunicación de todo con todos, y las obras artísticas se difunden en nuestro entorno y entran en el mundo práctico y en su decoración.

La otra cuestión que se propone dilucidar Gadamer se relaciona con qué es el arte. Y partiendo desde el "punto de vista del genio" desarrollado por Kant, para buscar el plus por el cual la obra de arte llega a ser lo que es, nos dice que el artista crea algo que parece hecho según reglas, pero sin adaptarse en forma consciente a ellas.

En realidad, crea algo nuevo según reglas no concebidas todavía. Y sostiene a continuación: "Eso es el arte: crear algo ejemplar sin producirlo meramente por reglas. Y en ello, desde luego, no hay que separar nunca realmente la determinación del arte como creación del genio y la cogenialidad del receptor. En ambos se da un juego libre".[54]

El problema pasa, entonces, por entender el arte de nuestros días con una estética distinta de la clásica. Ahí aparece la necesidad de comprender a un Duchamp, que presenta un objeto de uso aislado y provoca con él "una especie de *shock* estético".[55] Entonces, llega a una conclusión

---

[54] Gadamer, Hans-Georg, ob. cit., pp. 63-64.
[55] En el original, Gadamer utiliza la palabra *shock* en letra itálica. Aquí se ha mantenido el espíritu del autor.

acerca de la identidad hermenéutica como fundadora de la unidad de la obra, y esa identidad es la que constituye su sentido. Por eso sostiene que "es probable que no llegue a ser una obra duradera, en el sentido clásico de perdurabilidad; pero, en el sentido de la identidad hermenéutica, es ciertamente una 'obra'".[56] Esto significa que hay algo que comprender y que la obra de arte pretende ser comprendida o entendida en lo que dice y en cómo lo dice, planteando un desafío que espera ser correspondido.

Por lo tanto, si hay intencionalidad por parte del autor, hay identidad hermenéutica, y eso le da el estatuto de obra de arte generando, a su vez, el juego libre con el receptor.

Más allá del riesgo que implica la construcción de un concepto de arte, se ha optado por limitar el debate, para no apartarse del objetivo principal, generando de esta manera una herramienta eficaz para este trabajo, pero considerando que esto no implica clausurar lo que puede entenderse por arte.

Decimos entonces que *una obra de arte es aquella que posee una forma artística, que proporciona por lo tanto un placer estético y que cumple ciertas exigencias, como la de la maestría para realizarla y la de formar parte de la tradición y de un canon*, tradición que representa una tarea para el pensamiento en la medida que quien comprende lo hace uniendo pasado y presente del arte.

Pero también hemos de considerar que la identidad hermenéutica, la propia intencionalidad del autor, es lo que otorga el estatuto de obra de arte. Por otra parte, le otorga sentido a la obra de arte lo que se denomina la verificación social, en la medida en que ella siempre se encuentra inscripta en una determinada cultura.

---

[56] Gadamer, Hans-Georg, ob. cit., p. 72.

CAPÍTULO II. ARTE Y TÉCNICA, UN FÉRTIL CAMINO COMPARTIDO

> Está claro que el artista no puede plasmar más que lo que su herramienta y su medio son capaces de representar. Su técnica le restringe la libertad de elección.
>
> Ernst Gombrich[57]

De los primeros humanos al Renacimiento

Se puede decir que el hombre se constituye como tal a partir de la interacción de tres características: su capacidad de fabricar instrumentos, la adquisición del lenguaje y el pensamiento reflexivo. Éstas le posibilitaron accionar sobre el mundo que le rodeaba, transformarlo y, a la vez, construir un universo simbólico[58] para comprenderlo.

Si bien debemos trabajar sobre conjeturas, sobre la base de la observación de pueblos que denominamos "primitivos" o del legado físico de nuestros antepasados, el debate acerca de qué surge primero –si la herramienta, el pensamiento o el lenguaje– es estéril, pues no se trató de un proceso lineal, sino convergente y, como sostiene Ernst Fischer: "Un sistema de complicadas relaciones –una

---

[57] Gombrich, Ernst H., *Arte e Ilusión. Estudio sobre la psicología de la representación pictórica*, Madrid, España, Editorial Debate, 2003.

[58] Entendemos por *símbolo*, una práctica social donde se arma el objeto a partir de un proceso complejo y donde existe distancia entre el símbolo y el objeto. Es la representación de un concepto, de una idea de la realidad. (Intervenciones de José Emilio Burucúa y Guillermo Ogilvie en *Los símbolos*. Programa de Investigaciones UBA, *Canal a*, Buenos Aires, 2004.)

nueva *cualidad*– siempre surge de una serie de diversos efectos recíprocos".[59]

El autor citado ubica el surgimiento del lenguaje[60] junto a los instrumentos, y lo analiza, más que como medio de expresión, como medio de comunicación. Se puede decir que el hombre primitivo no sólo necesitaba comunicarse para realizar actividades, como organizar la caza o alertar sobre algún peligro, sino también para transmitir e intercambiar conocimientos en el proceso de construcción de herramientas y de observación de la naturaleza para operar sobre ella.

Cuando nuestros antepasados reflexionaron acerca del mundo que les rodeaba y cómo aprovecharlo para su beneficio, aplicaron el trabajo para modificar lo que les entregaba la naturaleza e iniciaron el proceso de producción. Como el instrumento posibilitaba realizar lo que antes era imposible, como cazar a distancia utilizando una lanza, el hombre adquirió poder sobre la naturaleza. Fisher lo expresa con claridad cuando plantea: "El hombre es desde el principio de los tiempos un mago".[61] Tuvo que pasar de la etapa de adaptación pasiva a la naturaleza, a la transformación activa de ella; de simplemente tomar un objeto –por ejemplo, una rama para acercar el fruto de un árbol– a la búsqueda de los procedimientos para construir útiles y mejorarlos en el proceso.

De esta manera llegó a la abstracción, pues de muchos instrumentos que cumplían la misma función extrajo una

---

[59] Fisher, Ernst, *La necesidad del arte*, Barcelona, España, Ediciones Península, 2001, pp. 24-35. El resaltado es del original.
[60] Entendemos por *lenguaje*, un sistema de elementos –los signos– que remiten a otra cosa que no son ellos mismos; signos que a su vez son arbitrarios, pues no existe un componente físico que los vincule con aquello que representan. Ver: Colombo, María Elena, *Lenguaje. Una introducción al estudio psicológico de las habilidades humanas para significar*, Buenos Aires, Proyecto Editorial, 2005.
[61] Fisher, Ernst, ob. cit., p. 23.

idea en común y elaboró el concepto que representa a cada utensilio. En este proceso, fue elaborando instrumentos que eran iguales. Por lo tanto, imitar le posibilitó obtener poder sobre el objeto, pues podía construirlo de acuerdo con su necesidad y, cuando perdiera su efectividad, volver a hacerlo. Ya no dependía de un encuentro casual con el objeto; era nuestro antepasado quien pasaba a decidir sobre la satisfacción de sus necesidades.

A su vez, la imitación se trasladó a otras actividades, pues hacerlo con el sonido del animal que iba a ser cazado le permitía acercarse y le facilitaba todo el proceso de captura. En esta imitación, también encontramos la base de la magia, pues, como sostiene Freud, la eficacia de la magia se encuentra en la analogía entre el acto realizado y el fenómeno que se desea producir.[62]

Los hombres primitivos, así como habían encontrado un atajo para cazar a la distancia con la invención de la lanza o el arco y la flecha, comenzaban a buscar otros atajos para dominar su contexto. Imitar al animal también podía resultar efectivo al momento de conseguir la presa. Esa imitación primero fue un sonido, pero posteriormente, por analogía, la representación de la figura del que iba a ser cazado.

Si la fabricación de instrumentos le había dado al hombre poder para influir sobre su contexto, y esto le llevó a considerar que podía evitar el trabajo para conseguir determinados objetivos, ya que la imitación podía conducirlo a extender los actos mágicos sin límites.

La capacidad creadora, producto de la fabricación de instrumentos, unida al lenguaje y a su poder transformador, al organizar al ser humano y dotarlo de una herramienta para reflexionar y construir símbolos, reafirmó la creencia

---

[62] Freud, Sigmund, *Tótem y tabú*, Madrid, España, Alianza Editorial, 1980, pp. 106-110.

en su poder transformador sobre la naturaleza. Es un hombre que modifica el entorno sobre la base de su trabajo y, en el camino de fabricar y de poner nombres a las cosas y de transformar los objetos materiales en signos de lenguaje, se transforma en un mago, crea una magia que está en la base de la existencia humana y que constituye la esencia del arte. Como sostiene Fisher, el primer constructor de instrumentos, el que dio nombre a los objetos o el que se disfrazó de animal para cazar fue el primer artista, el antecesor del arte.

El arte y la técnica nacen unidos en una trama donde la fabricación del instrumento, el proceso creador aplicado a él y el poder mágico derivado del acto constituyen una unidad indisoluble en esta sociedad primitiva.

El arte surge, entonces, como un instrumento mágico a través del diseño de un utensilio, una figura para imitar la fertilidad, los colores para pintar el cuerpo y generar atracción sexual, los cantos colectivos para organizar el trabajo o las pinturas de animales para favorecer la caza. No posee todavía objetivos estéticos, sino mágicos.

Cuando los cazadores se reunían alrededor de la pintura de un animal, buscaban reafirmar la seguridad en el éxito de la caza y, por lo tanto, en su poder sobre la naturaleza. En un medio ambiente hostil y cambiante, arte y técnica son instrumentos para la supervivencia y, a su vez, la base del acto mágico que posibilita transformar ese entorno en beneficio del hombre.

Tanto el arte como la técnica nacen y se desarrollan como actividades sociales, que requieren no sólo la experimentación, sino también el pensamiento reflexivo y el intercambio dentro de la comunidad. A su vez, este pensamiento y su aplicación necesitan de tiempo disponible para poder ser expresados.

Evidentemente, poseer herramientas más eficientes optimizó el proceso de obtención de alimentos, lo que generó, a su vez, más tiempo para la reflexión y mejora de los utensilios. A ello, José Babini[63] agrega la ingestión de una dieta semicarnívora, lo que le proporcionaba la misma cantidad de energía con menos alimento que un herbívoro.

El tiempo disponible que se generó fue utilizado en desarrollar nuevas aptitudes y habilidades, como la fabricación de instrumentos, lo que impulsó la reflexión sobre el mundo que rodeaba a los hombres, quienes expresaron esto en un creciente universo simbólico. El arte del hombre primitivo es un precipitado de su mundo, de sus preocupaciones, de su necesidad de forjar imágenes que propiciaran el acto mágico, pero también, de los materiales y las técnicas disponibles para trabajar con ellos.

Los objetos más antiguos encontrados, que corresponden al período que va desde el 40.000 a. C. hasta el 20.000 a. C., son esculturas y, posteriormente, grabados y bajorrelieves, ambos anteriores al surgimiento de la pintura, que representa un nivel superior de reflexión y, a su vez, de investigación técnica. En el caso de las esculturas, se trata de un proceso similar al de la construcción de herramientas, pues requiere, en definitiva, de la misma técnica y es una prolongación de la fabricación de utensilios. Pero implica una capacidad de pensamiento superior, pues cambia la finalidad: mientras que el hacha tiene un objetivo de orden práctico, directo, la escultura lo tiene en el orden de la abstracción, de la representación. Se trata de un mediador.

Las primeras esculturas son mujeres de grandes senos y el vientre hinchado y sobresaliente, que representarían la fertilidad. Fueron realizadas, en su mayoría, en hueso, marfil, esteatita y piedras calcáreas, y carecen de rasgos faciales –como la *Venus de Willendorf*, la de *Savignano* o la de *Sireuil*–, además de que, para resaltar algunas partes,

---

[63] Babini, José, *Historia universal de la ciencia y de la técnica*, tomo I, *Nace el homo sapiens*, Buenos Aires, Centro Editor de América Latina, 1978.

se estilizaban la cabeza y las extremidades inferiores y se eliminaban los pies, lo cual produce mayor impacto en relación con lo que se quiere destacar.

Pero en el caso de la cabeza femenina en marfil, proveniente de la *"Grotte du Pape"*,[64] en Francia, el escultor resaltó todos los detalles del rostro e, incluso, del peinado. Esto puede atribuirse a la menor dificultad de tallar el marfil, pero otras Venus fueron realizadas en esteatita, que es un mineral que hasta puede marcarse con una uña y, sin embargo, eluden el detalle en la cara. Si bien se puede señalar la habilidad del escultor, lo que habla de un proceso de desarrollo del pensamiento, de adquisición de la *techné* y de observación del entorno, podemos conjeturar junto a esta explicación que fue ayudado por la existencia de instrumentos de tallado más sutiles o, lo que es lo mismo, se vio empujado al perfeccionamiento de la técnica de fabricar sus propias herramientas ante la necesidad de expresar las modificaciones en su mundo interior.

En la gruta de Péchialet, Francia, se encontró un grabado[65] hecho como una incisión en la roca. Esta técnica consistía en realizar un dibujo a partir de un trazo con una punta dura sobre la piedra o sobre un hueso. La escena representa la lucha de un hombre contra un oso y es una de las primeras manifestaciones donde el hombre se muestra a sí mismo. Este paso en la historia –de la escultura al grabado– implica, a la vez, un perfeccionamiento de la herramienta y una superior conciencia, por parte del ser humano, de sí y del mundo que le rodea.

En cuanto a las más antiguas pinturas que conocemos, como las de Pech-Merle o las de Cougnac en Francia,[66] se trata de la impresión de manos en *negativo*, así como

---

[64] *Arte Rama*, vol. I, Buenos Aires, Editorial Codex, 1962, p. 9.
[65] *Arte Rama*, ob. cit., p. 14.
[66] *Arte Rama*, ob. cit., p. 15.

contornos de animales de perfil y hombres atravesados por flechas. Estos últimos expresarían la creencia en el acto mágico de destruir al enemigo a partir de su representación, igual que la de los animales cruzados por flechas. El artista no se limita a representar sobre una pared, sino que es un mago, pues "no convertía la realidad externa en una figura, sino que en la figura creaba una realidad externa".[67]

Las más conocidas de estas pinturas paleolíticas son las de las grutas de Altamira en España y las de Lascaux en Francia, fechadas entre el 15.000 y el 10.000 a. C. Se trata de figuras de animales y, en pocos casos, de seres humanos en actitudes de caza donde se pueden apreciar los cambios técnicos en la realización de la obra, así como en los materiales utilizados.

Para obtener el color, utilizaban pigmentos minerales, como el óxido o carbonato de hierro y el óxido de manganeso, de los cuales obtenían colores, como los ocres, rojos, castaños, amarillos y azules. El color negro provenía del hollín o del hueso quemado. Los minerales se molían y eran aplicados sobre la pared de la cueva como polvo o diluidos en un medio preferentemente acuoso, en sustancias grasas o vegetales, según distintas opiniones. Para realizar la pintura, originariamente utilizaban los dedos y luego pinceles rudimentarios de pluma, madera, pelo o musgo. En el caso del interior de la figura o de las manos impresas sobre la pared, empleaban huesos vaciados en su interior, como tubos, para soplar los pigmentos.

Pero los materiales solos no explican estas pinturas, sino que es necesario analizar la evolución de las técnicas de los artistas, quienes graban el contorno y, con posterioridad, colorean el interior, por lo general, en la gama del ocre. Luego raspan las partes que se desea mostrar en relieve, como orejas, ojos, pelo y, en algunos casos, se lavan

---

[67] *Arte Rama*, ob. cit., p. 19.

otras partes para conseguir efectos de claroscuro. A su vez, el artista ha desarrollado un agudo sentido de observación, ya que tiene que trasladar de memoria la imagen del animal hasta el fondo de la cueva donde realiza la obra.

Estas pinturas[68] rescatan la comunidad de intereses vitales que existía entre estos antepasados y los animales, que proporcionaban alimento y seguridad. Expresan un naturalismo que tiene sentido en el marco del acto mágico que representaban.

Como observamos, la construcción de herramientas por parte de los primeros humanos, así como los procesos colectivos de trabajo, crearon, según plantea Fisher,[69] una nueva relación entre el sujeto y el objeto, y constituyeron un nuevo tipo de realidad surgida del trabajo. En la complejidad y riqueza de las relaciones entre los hombres y los objetos, se construyen las relaciones entre los humanos, y de éstos con la naturaleza. En la capacidad de transformar la naturaleza, está la raíz de la magia y en ésta reside la esencia del arte.

Las primeras herramientas, esculturas, grabados o pinturas representan este nuevo mundo y las nuevas necesidades humanas, pero, a la vez, contribuyen al desarrollo del imaginario del hombre en relación con su entorno. Cuando el nivel del pensamiento necesita expresarse en el terreno de lo simbólico, lo hace con las herramientas que ha desarrollado, pero también surge la necesidad de encontrar nuevos instrumentos para expresar nuevas etapas

---

[68] Si bien nos referimos fundamentalmente a las presentes en Francia y en España, se han encontrado pinturas similares en técnica y contenido en el Sahara, Medio Oriente, los Urales, América Central e, incluso, en nuestro país, como las presentes en las cuevas del río Pinturas, en la provincia de Santa Cruz. No obstante, nos concentraremos en el marco geográfico de lo que hoy denominamos Europa, en razón de enmarcar el trabajo en un contexto de civilización, pero sin descartar el fenómeno como universal.

[69] Fisher, Ernst, ob. cit., p. 49.

del desarrollo. Es lo que sucede con los pigmentos o los primitivos pinceles a finales del Paleolítico.

De esta manera, el hombre expresa y representa con los instrumentos que posee, pero construye otros para representar la nueva realidad que ha creado, lo que no sólo sucede con los utensilios destinados a representar imágenes, sino también con todas las herramientas producidas por nuestros antepasados.

Como decíamos al inicio del capítulo, no importa qué aparece primero, pues no es posible expresar nuevas condiciones en obras de arte sin contar con la técnica adecuada, entendida esta última como *techné*, pero también en su relación con otras habilidades que le proporcionarán las herramientas apropiadas. La técnica se desarrolla al compás de los cambios en el pensamiento y, por lo tanto, de nuevas y cambiantes necesidades.

Técnica y arte son procesos que nacen y se desarrollan unidos, por lo que Mumford propone metafóricamente situar a Orfeo en un pedestal tan elevado como a Prometeo,[70] pues el hombre no llegó a tal sólo dominando el fuego, la técnica, sino también porque dio valor a su vida y la enriqueció a partir de los símbolos.

No es la finalidad de este capítulo realizar un completo detalle de la evolución de las relaciones entre técnica y arte en la historia, sino fundamentalmente plantear, a partir de algunos períodos y hechos significativos, la ligazón existente entre estas dos variables, y a su vez, con el mundo de las ideas.

En la convergencia del *pensamiento reflexivo* que permite al ser humano fijar un objetivo para alcanzar, la *técnica* entendida como habilidad para realizar una tarea, la *visión* que los hombres tienen en cada época del mundo que les rodea y la *capacidad* de fabricar utensilios para construir

---

[70] Mumford, Lewis, *Arte y...*, ob. cit., pp. 32-33.

otros utensilios,[71] hemos sentado las bases de lo que habíamos denominado *techné*, que incluía en su origen a la obra de arte. En cada nuevo estadio de civilización, encontraremos esta plataforma básica en el desarrollo de la obra de arte. Un arte que había surgido unido al acto mágico y que progresivamente se va separando de él en la medida en que el hombre se va distanciando de la naturaleza y de la sociedad colectiva con el surgimiento del sedentarismo, la aparición de las ciudades y la división de la sociedad en clases sociales. Al decir de Fisher, se rompe el equilibrio entre el hombre y el mundo que lo rodea, y la magia se va transformando en religión.

Esta distancia es lo que Aby Warburg denomina el *Denkraum*, el *espacio del pensar*.[72] Mientras la magia, como forma de pensamiento, representa el núcleo de la cultura en tanto primer umbral del *Denkraum*, la transformación de la magia en religión amplía ese espacio. Así, el papel del brujo pasa a ser ejercido por el sacerdote y por el artista, pero este último continúa siendo un portavoz de la sociedad, mantiene su función social.

Si bien en el proceso que describimos, al decir de Fisher, un nuevo *yo* surge del viejo *nosotros* y el elemento social se hace subjetivo en el *yo*, el artista experimenta básicamente lo que su época y las condiciones sociales de ella le posibilitan. Surgen así dos misiones: la impuesta por la sociedad y la que brota de su propia conciencia. Cuando trata un tema de forma original, no sólo expresa

---

[71] Esta capacidad de fabricar instrumentos, que se utilizan a su vez para fabricar otros instrumentos, Babini la denomina "tecnología" (ob. cit., p. 16), mientras que para él la técnica es la producción regular, estandarizada y especializada. Si bien este planteo marca claramente que la tecnología es un proceso que hay que estudiar en su devenir histórico, hay diferencias con la posición de este libro de acuerdo con lo expuesto en el capítulo I.

[72] Ver: Burucúa, José Emilio, *Historia, arte...*, ob. cit., pp. 27-28.

su individualidad, sino también los procesos que se dan en la sociedad de la que forma parte.

La evolución de lo que en la actualidad denominamos arte, en las distintas civilizaciones, nos muestra las interacciones que hemos expuesto entre el mundo social, la subjetividad del artista, los instrumentos técnicos disponibles y la necesidad de desarrollo de nuevas herramientas y nuevas técnicas.

En una tumba egipcia perteneciente a Ramose (nacido alrededor del 1370 a. C.), un visir, que vivió hacia fines de la dinastía XVIII en el reinado de Amenhotep III y de su hijo Ajenatón, se encontró una pintura a medio terminar que mostraba que los egipcios dibujaban previamente una cuadrícula, que permitía situar cada parte del cuerpo humano en relación y proporción con el resto. Así, no importaba entonces el tamaño de la pintura, pues siempre se podía mantener la misma proporción en la grilla. Esta *techné* que desarrollaron los artistas egipcios se puede relacionar con la necesidad de expresar su imaginario social donde el orden era la base del funcionamiento de la sociedad. Algo que resulta coherente cuando se piensa en una sociedad que se constituyó a partir de agruparse en las riberas de un río y donde lo central de su universo tanto físico como simbólico eran las fechas de crecimiento del río, que regían la agricultura y, por lo tanto, la vida de ese pueblo.

Entre los antiguos griegos, como expresamos en el capítulo I a partir del planteo de Burucúa, la poesía, la escultura y la pintura contribuyeron a establecer el antropomorfismo de los dioses. Por consiguiente, las imágenes de los dioses se debían ver hermosas, lo que llevó a sus artistas a buscar la perfección al representar el cuerpo humano. Debieron estudiar en detalle cada parte del cuerpo, como el caso de Policleto, que dividió el cuerpo en cuatro cuartos, para poder trabajarlo dividido y dotar de movimiento a cada parte. Así también pasaron de las pequeñas estatuas a esculturas de gran tamaño, pues la representación del dios debía estar en su casa, en el templo y necesitaban imágenes que ocuparan esos grandes espacios.

También los cristianos de la época de Constantino y sus sucesores tuvieron que adaptar las técnicas de arte que conocían a sus nuevas necesidades, vinculadas con la religión. Los primeros cristianos ponían en práctica su arte en las catacumbas al estar confinados a la clandestinidad. El estilo de sus pinturas no difería del utilizado por el resto de los artistas romanos, ya que aprendían en los mismos talleres. Pero cuando el cristianismo se transforma en religión oficial, se produce un cambio radical en las necesidades de expresión artística. Los miembros de la nueva iglesia salen de las catacumbas y practican su culto en grandes edificios, las iglesias o basílicas, que plantean problemas para su decoración vinculados a los nuevos sentimientos que se querían expresar.

La pintura, a partir de las posiciones del papa Gregorio Magno (540-604),[73] surge como una herramienta no sólo de decoración, sino también de educación de las masas. Así comienzan a emplearse las pinturas al fresco y los mosaicos en las iglesias tanto en el viejo imperio como posteriormente en Bizancio.

Un ejemplo de este nuevo imaginario y su relación con los medios técnicos utilizados es el relatado por Gombrich sobre una pintura en la basílica de Rávena, del año 500 aproximadamente, donde se presenta el milagro de la

---

[73] No compartidas en toda la cristiandad, ya que en oposición surgió en el Imperio Bizantino la iconoclasia, que en algunos períodos en los siglos VIII y IX se convirtió en doctrina oficial religiosa.

multiplicación de los panes y los peces.[74] No se trata de una típica pintura, sino de un mosaico construido con pequeños tacos de cristal. El fondo se halla realizado mediante vidrios dorados y no se representó una típica escena realista –un artista helénico hubiera aprovechado para mostrar una gran masa de gente, dice Gombrich–, sino que se observa a un Cristo joven, sin barba, rodeado de cuatro apóstoles, no mirando hacia la multitud, sino directamente al espectador. Es una imagen sencilla no de un hecho sucedido mucho tiempo antes, sino que representa el poder permanente de Cristo corporizado en la iglesia.

Frente a una sociedad con nuevas necesidades de expresión, hay que desarrollar técnicas que posibiliten expresar no sólo el nuevo contexto social, sino también el espacial.

La construcción de las grandes catedrales góticas, en los siglos XII y XIII plantea nuevos problemas a los artistas, pues si bien no se desdeña la pintura mural, la realidad es que sus muros, con grandes ventanas y arcadas, ofrecen poco espacio continuo para el desarrollo de pinturas murales. Entonces, son las ventanas el lugar elegido para la representación pictórica, lo que muestra una vez más la íntima relación entre la necesidad del arte, los instrumentos disponibles y el impulso a la creación de nuevas técnicas, aunque es necesario decir que la pintura sobre vidrio ya era utilizada en las catedrales románicas, y el procedimiento había sido descripto hacia el siglo XI por el monje Teófilo.

El hombre de la Edad Media, al decir de Le Goff,[75] se sentía atrapado entre dos épocas, el pasado clásico glorioso y un futuro venturoso, el que le traería el renacimiento. Pero un renacimiento de espíritu: la perfección. Por lo tanto, el

---

[74] Gombrich, Ernst, *La historia...*, ob. cit., pp. 135-136.
[75] Le Goff, Jacques, *En busca de la Edad Media*, primera edición, Buenos Aires, Editorial Paidós, 2004, pp. 45-46.

único progreso posible le parece el final de la historia, la salida del tiempo.

Los pintores europeos del Medioevo tuvieron, entonces, que desarrollar una técnica que les posibilitara representar lo que creían. De este modo, mostraban en su pintura la esperanza en el cielo, en la vida eterna. Para el fondo de sus cuadros, utilizaban el oro y ligaban sus pigmentos con yema de huevo, lo que les permitía mostrar ese mundo eterno e inmutable del cual aspiraban a formar parte.

Lo expuesto no implica que la pintura en el medioevo haya permanecido sin cambios en cuanto a su contenido y la relación con el imaginario social. Así, mientras el arte bizantino presentaba las figuras sagradas sobre un fondo plano al estilo de lo descripto para la basílica de Rávena, en Europa los pintores fueron desarrollando durante el período una serie de cambios e incorporaron en sus obras un escenario para insertar el tema en una historia. Aparecen así los edificios, personajes, expresiones, costumbres e indumentaria en la pintura, pero los materiales utilizados dan una sensación de inmovilidad, de eternidad, pues no se trata de una historia terrenal, sino de una historia sagrada, una historia que transcurre en el terreno del espíritu, pero, a su vez, relacionada con un mundo de oscuridad, que era *este mundo*.

Obras como *Cristo y la Samaritana* (1310-1311), de Duccio di Buoninsegna, o la *Crucifixión* (1335), de Vitale da Bologna son claros ejemplos de este tipo de pintura, los cuales expresan esa sensación de inmutabilidad, de estar fuera del tiempo.

Del Renacimiento a la Revolución Industrial

El Renacimiento representa un cambio muy fuerte en el mundo del arte, en relación con el último período que veníamos analizando. No obstante, no se lo debe considerar como una ruptura radical, sino como una serie de modificaciones progresivas que se generaron en la vida social, intelectual, económica y técnica, y que produjeron como resultado lo que consideramos una transformación en la continuidad histórica.

El orden era uno de los componentes básicos del imaginario en el Medioevo, a tal punto que en la Iglesia –y como sostiene Le Goff,[76] ésta abarcaba toda la vida intelectual– la palabra *novitas*, novedad, llenaba de temor y hostilidad.

Tal como plantea Mumford,[77] las relaciones medievales de espacio y tiempo se van a transformar para dar origen a los cambios intelectuales que condujeron al Renacimiento y a sentar las bases del surgimiento del capitalismo.

En la Edad Media, las relaciones espaciales se organizaban en función de símbolos y valores, como por ejemplo, que el lugar más alto de la ciudad fuera la aguja de la cúpula de la iglesia, o dividir el espacio en diez (por los diez mandamientos), o en tres (por la trinidad). Asimismo, el espacio y el tiempo formaban sistemas relativamente independientes. Un artista podía introducir hechos de tiempos distintos en una misma obra. Por ejemplo, en la pintura citada de Duccio de Buoninsegna, Cristo y los demás personajes se encuentran en relación con un castillo medieval. Entonces, "el lazo de conexión entre los acontecimientos era el orden cósmico y religioso".[78]

El reloj, definido por Mumford como la máquina clave de la edad industrial, en un proceso que se acelera a partir del siglo XIV, trajo una regularidad a la vida tanto del

---

[76] Le Goff, Jacques, *En busca...*, ob. cit., p. 52.
[77] Mumford, Lewis, *Técnica y civilización*, Madrid, España, Alianza Editorial, 2002, pp. 34-39.
[78] Mumford, Lewis, *Técnica...*, ob. cit., p. 36.

trabajador en la ciudad como del comerciante, por lo cual la eternidad dejó de ser la medida de las acciones humanas.

El descubrimiento de las leyes de la perspectiva, así como un atento estudio de las relaciones de los objetos en el espacio, condujeron a un cambio en la organización de las obras pictóricas donde aparecen el primer plano y el horizonte, situación que conduce a una relación visual de los objetos más que a la simbólica, característica del período anterior. Esta situación puede advertirse, por ejemplo, en *El milagro de la hostia (escena de una peana)* (1467-1468), de Paolo Uccello.

Estos cambios en la pintura se relacionan con los producidos en la cartografía, donde los mapas se transforman progresivamente en instrumentos útiles para la navegación fuera de la vista de las costas, e impulsan el proceso de los viajes alrededor del globo, lo que a su vez potenciaría las actividades comerciales. Este proceso se articula con la utilización de la brújula y el astrolabio, o la mejora en la construcción de los barcos. El desplazamiento, el control del tiempo y los cambios en la visión del mundo que lo rodea producen en el hombre del Renacimiento una modificación en su concepción del tiempo y el espacio que quedan unidos en el aquí y ahora. Como dice Mumford, el Cielo y el Edén estaban fuera de estas variables, y si bien se mantienen como temas en la pintura, los temas reales eran el tiempo, el espacio, el hombre y la naturaleza.

Este nuevo contexto va generando cambios en el imaginario del mundo medieval. El surgimiento de mercaderes y banqueros, que crecen al compás de los procesos de intercambio que abren los denominados *descubrimientos geográficos*, plantea un problema de legitimación de su actividad tanto a la Iglesia, que había condenado la usura en la Edad Media, como a los propios comerciantes frente a la sociedad. Una de esas formas de legitimación para *redimirse* –utilizando un término de Le Goff– de sus pecados es el mecenazgo del arte. Y sus socios en esa actividad son los que poco a poco se van convirtiendo en *artistas*, cuando antes sólo se dedicaban, en realidad, a las profesiones manuales sin diferenciarse de otros artesanos.

Por otra parte, mientras que desde la antigüedad se había opuesto a la práctica de las profesiones serviles y mecánicas –manuales– el ocio contemplativo, esta situación también comienza a modificarse.

La presencia creciente de las máquinas[79] en la actividad económica[80] hace que la palabra *mecánica* vaya perdiendo su sentido peyorativo. La máquina, conocida desde la antigüedad pero utilizada principalmente en el mundo militar,[81] se va integrando al sistema productivo. Igual que en el nacimiento del acto mágico, el hombre va adquiriendo poder sobre la naturaleza, pero ahora no a partir de la magia, sino de la integración de la ciencia y la técnica para disparar de manera progresiva el sistema tecnológico.

Este nuevo mundo del hombre del Renacimiento requería de nuevas formas de representación, y los materiales utilizados en la pintura medieval ya no eran útiles en este nuevo contexto. Para pintar la vida sobre la Tierra, no servían el huevo y el oro, porque no captaban la luz. Entonces, desde el siglo XV, se generaliza el uso de pigmentos ligados al aceite, que posibilitaban no sólo representar la luz, sino también distintos tipos de luz. Como esta pintura es

---

[79] Entendemos por *máquina*, siguiendo a Mumford, una herramienta con un cierto grado de independencia, que se presta a la acción automática. En definitiva, con una fuerza motriz propia que la va independizando progresivamente del ser humano.

[80] Los boloñeses, por ejemplo, montan desde el siglo XIV grandes hilanderías hidráulicas.

[81] Si bien también se la utiliza en la minería y construcciones principalmente, no está incorporada a la producción de bienes, porque no era necesario; no existía el mercado que demandara el aumento de la producción.

translúcida, le da al artista la posibilidad de representar el brillo, la luz, ya que crea una ilusión óptica de la realidad.

La pintura al óleo permite pintar el mundo como no lo había sido en el período medieval, porque se trata de una nueva visión del entorno del hombre y, entonces, lo humano pasa a ocupar de un modo progresivo el lugar central en la pintura. Es el caso de obras como *Joven caballero en un paisaje* (1510), de Vittore Carpaccio; o el *Retrato de los Arnolfini* (1422), de Jan van Eyck, que pueden ser consideradas ejemplos representativos de esta nueva tendencia.

Se estaba desarrollando un proceso que iba a desembocar en el crecimiento del comercio y del papel de las ciudades, así como de una necesidad de mayor cantidad de productos para satisfacer las crecientes demandas generadas por la nueva situación económica y social.

Pero de acuerdo al planteo de Francis Klingender,[82] se estaba produciendo un estancamiento del ritmo de producción –el autor se refiere ya al siglo XVII– que era producto de una crisis provocada, porque la técnica no estaba en condiciones de hacer frente a las nuevas necesidades de la demanda.[83] De alguna manera, el sistema productivo requería un salto cualitativo, lo que podríamos denominar la creación del sistema tecnológico que posibilitara el ingreso pleno al capitalismo.

Si bien el capitalismo es el resultado de un proceso largo y sostenido en el tiempo –se pueden situar sus inicios junto a las transformaciones que produjo en la mente de los burgueses medievales el reloj–, no hay dudas de que el acelerado desarrollo de innovaciones técnicas producidas

---

[82] Klingender, Francis Donald, *Arte y revolución industrial*, Madrid, España, Ediciones Cátedra, 1983.
[83] Aunque Klingender se refiere específicamente a Inglaterra, no es un tema menor, ya que se trata del país donde se produce un entramado de cambios técnicos, que desemboca en la denominada Revolución Industrial.

en el siglo XVIII, especialmente en Inglaterra, van a transformar no sólo el sistema productivo, sino además todo el tejido social europeo y mundial.

En el siglo XVII, la materia prima industrial más importante era la madera, pues todas las máquinas primitivas estaban construidas en madera (molinos, grúas, tornos, telares). Se utilizaba, también, como material de construcción de casas y barcos y como combustible para la industria metalúrgica, entre otros usos. Pero la demanda de madera estaba comenzando a superar la oferta y conducía al estrangulamiento del sistema tecnológico vigente.

Para reemplazar la madera por el carbón, era necesario superar un primer problema: la inundación de las minas. El trabajo para desarrollar una máquina que aspirara el agua que se acumulaba en las profundidades fue el disparador de un proceso complejo.

La máquina diseñada por Newcomen a inicios del siglo XVIII y la posterior reforma a partir del condensador inventado por James Watt en 1769 atacaron este problema, posibilitando el crecimiento de la producción y, a la vez, el desarrollo de una nueva fuente de energía: el vapor, que atravesó todo el sistema productivo. La interacción entre la máquina de vapor, la extracción de carbón como combustible, el aumento en la producción de hierro y el desarrollo de la ingeniería constituye la base de la nueva tecnología capitalista.

Esta situación generó la construcción de nuevas máquinas en hierro, la reorganización de la mano de obra, la aplicación de las nuevas técnicas a la industria del algodón, lo que a su vez posibilitó artículos baratos y amplió el mercado de consumo. Pero la producción tenía que llegar a sus mercados de consumo, con lo cual se impulsó la construcción de carreteras y canales, y posteriormente, el ferrocarril.

Este crecimiento acelerado del capitalismo traería aparejada la destrucción de las relaciones entre el productor y el consumidor. Mientras que un artesano trabajaba para un cliente personalizado, la fábrica capitalista lo hacía para consumidores desconocidos. A su vez, la división del trabajo en tareas terminó de separar al hombre del producto final de su trabajo y contribuyó a una creciente alienación, que se iba a manifestar en todas las actividades humanas, entre ellas, en el mundo del arte.

Uno de los efectos fue la definitiva separación entre la dimensión de la artesanía y la del arte, proceso que se había iniciado en el Renacimiento. En tanto el artesano sucumbe frente a la producción en masa, incorporándose paulatinamente al sistema como operario, el artista es quien crea obras únicas e irrepetibles, pero ya no para un mecenas, sino para un mercado anónimo.

El otro hecho relevante es la desvinculación entre técnica y arte. Mientras el artista conserva la *techné* –el hacer bien–, la técnica se desarrolla, y con el pensamiento científico (en ciertas oportunidades, junto a él; otras veces, anticipándose; y otras, como su resultado) impulsa y genera el sistema tecnológico que sostiene el edificio productivo capitalista.

La tecnología toma así la posta de la técnica en su impacto sobre la obra de arte. Deja a esta última el hacer eficaz, el acto creador, la habilidad. No sólo aporta nuevos materiales de trabajo (y por lo tanto impulsa el nuevo desarrollo de la forma), sino que también genera un nuevo contenido. Se transforma en el propio tema de la obra de arte.

A juicio de Klingender, el primer pintor profesional que expresó directamente el espíritu de la revolución industrial fue Joseph Wright. Se trataba de un pintor que también era físico, y se encontraba preocupado por el tema de la luz. Esto lo llevó a experimentar con ella y a trasladar sus resultados a la pintura, como el caso del resplandor del vidrio fundido o el hierro al rojo vivo en la oscuridad de las fábricas. Así amalgamó ciencia y tecnología en sus obras, como por ejemplo, en *Filósofo dando una conferencia sobre el planetario colocando una lámpara en el lugar del sol* (1766), *La fragua* (1771) o *Una forja de hierro vista desde el exterior* (1774).

El capitalismo estaba creando un nuevo paisaje al mismo tiempo que un nuevo imaginario social, el cual era representado en la pintura. Este nuevo paisaje incluía las chimeneas y las máquinas, pero también el humo, la niebla y el gris de las nuevas ciudades industriales. A su vez, entregaba a los pintores nuevos productos, como sería el caso de la pintura en pomo en el siglo XIX, que les posibilitaría salir a pintar fuera de la ciudad a la búsqueda de nuevas fuentes de luz.

El proceso que da origen al surgimiento del dibujo técnico y científico es una muestra cabal de la transición en el imaginario del artista. Muchos de estos dibujos realizados en el siglo XVIII por artistas que eran, a la vez, dibujantes y grabadores, combinan los esquemas puramente técnicos con el valor estético, como los de Bernard Lens, el Joven, o William Beilby.

Para Klingender, esto marcaría que aún no se había roto la unidad entre pensamiento y sentimiento, entre ciencia y poesía, de lo cual da muestra el poema de Mary Chandler, que así describe la ciudad de Bath en el nuevo contexto industrial:

> Mira las *sombras* ocres de tus *bosques* sin senderos;
> y las *colinas* escarpadas, rudas y escabrosas,
> donde la Naturaleza presume de romántica: desde aquí se ve
> la *Carretera Nueva* y la *Máquina* maravillosa
> que baja sola desde la cima del monte
> y cargada en ella una *roca* que pesa como una montaña.[84]

---

[84] Klingender, Francis D., ob. cit., pp. 112-113.

Finalmente, durante el siglo XIX –en especial, en su segunda mitad–, caracterizado por su formidable desarrollo técnico y la integración de éste con la producción,[85] termina de desintegrarse la unidad entre obra de arte y técnica, transformada esta última ya en tecnología.

Pero si la máquina ha creado un nuevo imaginario en la sociedad, vinculado con el poder de la tecnología y el progreso sin fin que trae aparejado, también generó en esta etapa un movimiento de enfrentamiento hacia ella y sus consecuencias. La tecnología no sólo dio lugar a la producción en masa, sino también a ciudades grises invadidas por el humo de la industria, con crecientes sectores de la población empobrecidos y esclavos de la máquina. Los artesanos habían pasado a formar parte del proletariado industrial.

Esta situación iba a generar la reacción del artista frente a los cambios técnicos, que a partir de la división del trabajo producían un individuo fragmentado, alienado. El Romanticismo, por ejemplo, es el resultado de estas reacciones del mundo del arte.

El proyecto de William C. Morris –que dio origen al *Arts and Crafts Style*– de enfrentar la destrucción del mundo de la artesanía por la producción en masa, a partir de inventar cada producto nuevamente en una vuelta al viejo artesano, es una muestra de la crisis que produce la tecnología en la dimensión de la creación.

Un caso paradigmático es el de *Erewhon, un mundo sin máquinas*, la novela de Samuel Butler,[86] publicada en 1872, que trata sobre un inglés que llega a un país imaginario donde se dan situaciones insólitas, como que la enferme-

---

[85] En el Anexo I, denominado "Cronología política, cultural y tecnológica, se puede observar un resumen detallado de algunas de estas invenciones.
[86] Butler, Samuel, *Erewhon, un mundo sin máquinas*, Barcelona, España, Editorial Abraxas, 1999.

dad es considerada un crimen, pero donde también están prohibidas las máquinas, situación a la que se llegó luego de una guerra civil.

En la obra se plantea que las máquinas estarían adquiriendo conciencia y que, al igual que lo vegetal y lo animal, esto produciría su evolución, lo que había llevado a su prohibición. Igual que en el mundo clásico, el regreso a la naturaleza aparece como la alternativa al progreso técnico. Pero se trataba ya de un imposible, pues el avance del capitalismo y de su soporte tecnológico se había transformado en un proceso irreversible.

Este desarrollo en el siglo XIX de la ciencia, de la técnica y de los procesos de industrialización, según Gisèle Freund,[87] provocó en la burguesía un desplazamiento de los estados de conciencia, de forma que transformó la representación que la gente se hacía de la naturaleza y sus relaciones recíprocas, y generó un viraje hacia la objetividad, que fue impulsado por la fotografía.

Estas nuevas conexiones que aparecen entre los cambios tecnológicos, el imaginario social y la producción de obras de arte pictórico iban a desembocar en las denominadas vanguardias artísticas del siglo XX.

---

[87] Freund, Gisèle, *La fotografía como documento social*, quinta edición, Barcelona, España, Editorial Gustavo Gili, 1993, pp. 67-76.

CAPÍTULO III. VANGUARDIAS
Y SUBVERSIÓN DEL ARTE PICTÓRICO

Estaba de acuerdo, además, en que toda obra de arte lleva en sí un germen disolvente. Al ofrecernos una visión de las cosas que hasta ese momento no teníamos, nos propone un orden nuevo, incesantemente nuevo.

José Bianco, *Las ratas*.

A partir del sigo XVII, se produce una aceleración en la frecuencia de los cambios en las esferas económica, tecnológica, cultural y social, con sus consecuencias en el pensar y el hacer de la época.

En el siglo XIX, especialmente en su segunda mitad, se asiste a una auténtica "explosión" en cuanto al surgimiento de una serie de invenciones que iban a modificar de forma radical la dimensión productiva, impulsando el afianzamiento del sistema capitalista. Como ejemplo, se puede citar el proceso que va desde Niépce hasta la película en soporte flexible de Kodak en la fotografía, el teléfono, la máquina de escribir, el gramófono, el telégrafo, la electricidad, la refrigeración, los rayos X o el cine, entre muchos otros.

Como plantea Mumford,[88] en la base de estos inventos, se encuentra –aunque de manera heterogénea– el desarrollo científico. De ahí que la amalgama entre la ciencia y la técnica es el invento, aunque en esta etapa ya deberíamos hablar de la interacción entre ciencia y tecnología.

Bertrand Rusell, buscando explicar esta relación entre ciencia y tecnología, utiliza el ejemplo de las máquinas primitivas, las que define como un medio de conseguir que

---

[88] Mumford, Lewis, *Técnica...*, ob. cit., pp. 66-73.

la materia prima pase a través de movimientos regulares que antes habían sido realizados por los hombres. En este caso, observa, no es necesario todavía el conocimiento científico; pero, por ejemplo, con la electricidad, quien la utiliza debe desarrollar un sentido común de nuevo tipo, que consiste en un conocimiento que ha sido descubierto por medio de la ciencia.[89] Así comienzan a ser identificadas en conjunto la ciencia y la tecnología, metafóricamente, como dos caras de una misma moneda, pues la segunda no sería posible sin la primera.

De esta manera, el capitalismo producía un grupo numeroso de industriales, mezcla de empresarios, inventores, científicos y emprendedores, que contribuían a establecer una mentalidad donde la tecnología se instalaba positivamente en la imaginación de las personas. La idea de que todo invento mejoraba la producción industrial y la calidad de vida de la gente, y por lo tanto conducía al progreso, penetraba en todas las esferas de la actividad humana.

¿Y qué implica, en definitiva, un invento? Se trata de una creación, de traer del no ser al ser, de una suerte de *poiesis*. De esta manera, la técnica y posteriormente la tecnología, que había comenzado un progresivo proceso de distanciamiento del arte a partir del Renacimiento y los posteriores descubrimientos científicos, vuelve a encontrar puntos de contacto a fines del siglo XIX y, como si fuera una paradoja, lo hace cuando la tecnología se apoya en la ciencia para transformarse en fuerza motriz de la producción y el consumo. Cuando parecía que la emoción estaba reservada al mundo del arte y la razón, al de la tecnología, el acto de creación recupera parte del entramado de la *techné* al reintegrar arte y técnica –esta última ya en estadio de

---

[89] Citado en: Mondado, Enrique; Fernández, Francisco Javier y Doiro, Manuel (comps.), *La innovación tecnológica en las organizaciones*, Madrid, España, Thomson, 2003, p. 9.

tecnología–, situación que va a constituir un disparador de nuevas ideas sobre el arte y su relación con la tecnología, base de la constitución de las denominadas *vanguardias*, especialmente los futuristas, la Bauhaus, los constructivistas o los artistas concretos.

Pero el capitalismo no había aportado sólo la tecnología con sus consecuencias en la maquinización y la producción en masa, sino que también había contribuido a la creación de la mentalidad abstracta. La vieja economía medieval de trueque, expresada en reservas de monedas locales, fue suplantada por una economía basada en el dinero con una estructura de crédito internacional representada en letras de cambio y, posteriormente, en cheques. El símbolo de este paso de lo tangible a lo intangible, según Sombart citado por Mumford, es el libro de contabilidad.[90] Los productos, cuya presencia física era la base de cualquier transacción comercial, van cediendo lugar a las anotaciones contables; y la moneda tangible, a los papeles que la representan.[91]

Este cambio hacia la abstracción posibilitó el establecimiento de una mentalidad positivista que impulsará el desarrollo científico y la invención en el campo de la tecnología. En este nuevo campo de ideas, el arte pictórico estaba dejando de representar los impulsos y las contradicciones de una Europa lanzada al capitalismo.

A la interacción entre tecnología de producción en masa y desarrollo del pensamiento abstracto, debemos agregar la creciente alienación como resultado del apartamiento del individuo del producto final de su trabajo, proceso que alcanza su punto destacado con la publicación del libro de Taylor que hemos citado, que impulsa una

---

[90] Mumford, Lewis, *Técnica*..., ob. cit., p. 39.
[91] Como siempre, este proceso no surge de la nada en el capitalismo, sino que es el resultado de una serie de cambios que se habían iniciado en el siglo XII en la Europa medieval, con la invención de la letra de cambio.

forma de gestión de la empresa que pasó a denominarse *taylorismo*.

Al proponer que el eje del trabajo debe estar en la tarea de cada individuo –definida en su relación con el tiempo y una máquina–, contribuye a instalar la fragmentación del hombre y de la sociedad, no sólo en el ámbito de la producción, sino además en todo el tejido social. El ser humano es parte de una cadena de producción, y el resultado de la cadena son productos de empresas que compiten unas contra otras. Ese mundo fragmentado, dominado por el pensamiento abstracto de la ciencia y de los negocios, impulsado por la máquina y con productos que de inventos pasan a ser consumidos por miles y luego por millones, necesitaba de una pintura que lo expresara.

El siglo XIX es, entonces, el de la producción en masa, el del crecimiento de los mercados, la tecnología, la ciencia y los inventos, pero también, el de las luchas de un actor social que nace y se desarrolla con el capitalismo: la clase obrera. Sus enfrentamientos con la burguesía iban a generar una serie de hechos que pondrían en crisis la ilusión de progreso de este siglo.

En 1871, la Comuna de París es un ejemplo en Francia de cómo estos conflictos impactan en el arte a la vez que lo hacen sobre todo el tejido social. Se había roto la antigua alianza entre la burguesía y los intelectuales, los campesinos y los trabajadores de la ciudad, que habían destruido el antiguo régimen. Mientras la burguesía, como plantea De Micheli,[92] se repliega hacia posiciones conservadoras absolutas, los pintores, desilusionados ante la nueva situación, se alejan de la visión realista precedente.

En la Francia posterior a la Comuna, el debate sobre los problemas de contenido en la pintura es sustituido

---

[92] De Micheli, Mario, *Las vanguardias artísticas del siglo XX*, Córdoba, Argentina, Editorial Universitaria de Córdoba, 1968.

por temas como el de la técnica, la luz y las relaciones entre ciencia y pintura. Es el momento en el cual, según Danto,[93] el arte se vuelve, en cierto sentido, su propio tema. A lo que podríamos agregar que, sin duda, el debate por el contenido seguía presente, pero una nueva realidad y nuevas posibilidades técnicas introducían, también, un nuevo contenido.

La primera gran ruptura con el arte pictórico tradicional en este período es el denominado *impresionismo*; se considera que nació oficialmente en 1874, cuando Claude Monet exhibió un cuadro que tituló *Impresión: amanecer*. El artista representó esa hora gris en que sale el sol en un puerto donde se hace difícil identificar las formas de barcos y edificios. En primer plano, sólo un bote con el remero y un pasajero. Las formas pueden ser difusas, pues lo que resalta es la aparición del sol y los juegos de la luz. La otra realidad, las formas precisas de un bote, de una persona o de un edificio, puede mostrarla una foto. Se trata, para la pintura, de una búsqueda donde surgen nuevas formas de ver como producto de un nuevo contexto y de cuestionamientos a la propia obra de arte.

Gombrich[94] cuenta que Monet impulsa a los pintores a abandonar el estudio y pintar al natural. Como la naturaleza y el motivo cambian a cada minuto, entonces el pintor debe aplicar directamente el color sobre la tela en pinceladas rápidas y preocuparse, en especial, por el efecto de conjunto y no por los detalles.

Pero hubiera sido imposible esta pintura al natural sin los avances de la tecnología en la industria química, que posibilitaron la pintura en pomo y permitieron a los artistas tener el material disponible donde y cuando lo necesitaban. Los cambios en la *techné* que citaba Gombrich, sumados

---

[93] Danto, Arthur, *Después del...*, ob. cit., p. 29.
[94] Gombrich, Ernst, *Historia...*, ob. cit., pp. 518-519.

a los cambios tecnológicos en el sistema productivo que generaban nuevos materiales, dotaban al artista de instrumentos para representar un nuevo entorno.

En este período, en el que se encontraban en crisis los valores espirituales, Van Gogh opone al impresionismo un arte de *expresión* que manifieste la sustancia profunda de las cosas.[95] En pintura, el realismo perdía sentido, porque los pintores oficiales representaban una seudorealidad –en palabras de De Micheli–, pues la burguesía en el poder necesitaba ocultar la realidad. Podríamos decir que no le interesaba esa realidad que muestra Van Gogh en *Los comedores de papas*, su obra de 1885, donde el modelo eran los campesinos o la gente del pueblo y sus miserias. Por otra parte, la existencia de medios técnicos, como la fotografía y posteriormente el cine, estaban cambiando el enfoque de la pintura: lo real visible se podía representar con la técnica y quedaba para la pintura el mundo espiritual, el imaginario de los individuos.

Es importante destacar que en este período sucedieron dos hechos que iban a producir cambios profundos en las mentes de la época, especialmente en los intelectuales, y entre ellos, los artistas. En el año 1900, se publica la obra *Interpretación de los sueños*, de Sigmund Freud, la cual es un paso trascendental en la creación de una teoría del inconsciente, que iba a iniciar el camino de una revolución en el estudio acerca del funcionamiento psíquico de los seres humanos y que tanto iba a influir en pintores como Max Ernst.

Asimismo, en 1905, Albert Einstein publica una serie de artículos, entre ellos el titulado "Sobre la electrodinámica de los cuerpos en movimiento", en el que sostiene que la velocidad de la luz permanece inalterable en cualquier sistema de referencia, y por lo tanto, el tiempo depende

---

[95] De Micheli, Mario, *Las vanguardias...*, ob. cit., p. 29.

del movimiento del observador, o sea, es relativo. Como manifiesta Leonardo Moledo,[96] el espacio y el tiempo comienzan a fracturarse.

Las invenciones y el progreso tecnológico producto de ellas; el desarrollo de la empresa moderna; la transformación de los espacios urbanos; la fragmentación de la vida como consecuencia de los nuevos sistemas productivos; las nuevas ideas acerca del espacio y el tiempo; el psicoanálisis; las nuevas situaciones políticas creadas por la lucha de la clase obrera; y los cambios producidos en la pintura por impresionistas y expresionistas, son el caldo de cultivo de las vanguardias artísticas que surgirán en los primeros años del siglo XX, que modificaron los conceptos vigentes acerca del cuadro de caballete y el arte en general.

Por otra parte, tal como señalamos en el capítulo anterior, la tecnología estaba penetrando en el arte pictórico a través de su contenido. Como ejemplo, podemos considerar dos obras de Ulpiano Checa, exhibidas en el marco de una exposición dedicada a este autor en el Museo Nacional de Bellas Artes.[97]

La primera, *Caballos desbocados*, es del año 1894. Representa la carrera de un carro de correos con los caballos enloquecidos por el tren que circula en el fondo del cuadro. El carro está perdiendo su carga y está a punto de volcar al tocar con unas rocas. En la cara de los caballos se refleja el pánico por el silbido de la locomotora. Se podría pensar como el choque entre la Revolución Industrial (representada por el ferrocarril) y la sociedad tradicional (el carro con tracción a sangre). Mientras los caballos, el carro, el conductor y toda esta escena se encuentran en

---

[96] Moledo, Leonardo, "Pinta tu época", diario *Página 12*, Suplemento Radar, Buenos Aires, 10 de julio de 2005.
[97] Exposición "Checa en la Argentina", Buenos Aires, Museo Nacional de Bellas Artes, febrero de 2006.

primer plano con un absoluto nivel de detalle y realismo, el ferrocarril corre en el fondo, como desdibujado, borroso. Los caballos y el carro podrían representar el presente, lo que existe; el fondo, lo que está por venir.

La otra obra, *La huerta* (no se aclara el año de la pintura, pero se puede suponer que es de fines del siglo XIX), también muestra el ferrocarril como fondo de una huerta y una campesina. Mientras la huerta está pintada con todo detalle –con sus plantas en primer plano con alta dosis de realismo–, el tren corre desdibujado, borroso al fondo de la escena.

Los cambios que se producían en el paisaje, en la percepción visual que tenían los individuos de su entorno físico y la disociación entre el mundo espiritual y la realidad circundante, impactan en este período sobre diversos artistas.

Joseph Turner exhibió en 1844, en la *Royal Academy of London*, su obra *Lluvia, vapor y velocidad*, en la cual intentó plasmar su experiencia de observar la lluvia desde la ventanilla de un tren que corría a alta velocidad. La experimentación con la luz, en esta pintura, está vinculada al vapor de la locomotora y la velocidad, símbolos de la modernidad que traía la tecnología. Es pertinente recordar que Turner produce sus obras durante el parto de una nueva época, momento en el cual ya no necesita representar al objeto como una copia de lo que se observa, sino que se está abriendo el camino a la expresión del mundo interior del artista; este pintor es cuestionado en su época no por los temas de sus cuadros, sino por la ejecución de ellos, por su técnica.

Otra obra de su producción, que puede ser vista como el momento de transición entre una sociedad que desaparecía y otra que asomaba bajo la bandera de la tecnología, es *The Fighting Temeraire* (1839), que muestra el momento en que este barco, símbolo del valor en combate por su comportamiento en la batalla de Trafalgar, es remolcado por una lancha a vapor para su desguace. El contraste entre una época destinada a desaparecer y lo nuevo que surgía en esta etapa estaba en primer plano.

La pintura argentina tampoco estaba ajena a este mundo en cambio. La obra de Reinaldo Giudici *El primer ferrocarril "La Porteña" cruzando la campaña*,[98] de 1881, creemos que también expresa este momento de transición. En primer plano, se observa un gaucho a caballo, que con su mano izquierda se tapa su oído del mismo lado, mientras que su cara expresa el desajuste entre las dos escenas del fondo del cuadro. Por un lado, la pampa, su quietud y su silencio, y por otro, una locomotora tirando de sus vagones, produciendo un ruido que no escuchamos pero podemos imaginar, con el humo que la envuelve y que da la sensación de la velocidad de desplazamiento. Pensamos que la pintura representa cómo el ruido, el humo y la velocidad provocados por la tecnología irrumpen bruscamente en un mundo donde los cambios eran lentos y casi imperceptibles.

El tránsito del siglo XIX al XX está impregnado de un clima intelectual, producto del papel de la tecnología, que no sólo tiene su impacto en el arte pictórico, sino también en todo el universo de las artes. Para citar algunos ejemplos, obras como el poema "To a Locomotive in Winter", de Walt Whitman, exaltando la belleza de la locomotora; *La Bête humaine*, de Émile Zola, poniendo la locomotora como personificación de la violencia; o el cuento "La máquina de gloria S.G.D.G.", de Villiers de L'Isle Adam, que trata de la integración entre el mundo de la máquina y el orgánico, dan cuenta de las coordenadas en que se mueve el espíritu de la época.

---

[98] Expuesta en el Museo Nacional de Bellas Artes en la exposición "Primeros Modernos en Buenos Aires 1876-1896", Buenos Aires, 29 de junio al 20 de agosto de 2007.

Tomás Maldonado recoge parte de este clima en una compilación de artículos sobre el debate alemán entre técnica y cultura, en el período comprendido entre Bismarck y la República de Weimar. En uno de los artículos, Peter Behrens,[99] en 1910, plantea que el problema está en la falta de contacto entre la técnica y el arte, especialmente donde deberían hacerlo, que es en la construcción de edificios y los productos de la gran industria. Tanto este autor como la mayoría de los que plantearon su posición en ese momento, en la búsqueda de puntos de contacto entre técnica y arte, extienden el concepto de *arte* a todas las artes aplicadas, con lo cual, estaríamos regresando al concepto de *techné*. Esto no significa –como veremos– que no distingan entre artesanía y el concepto de arte desarrollado desde el Renacimiento, sino que lo extienden en la búsqueda de una síntesis.

No obstante, Behrens diferencia las formas técnicas de las formas artísticas. Para él, "la técnica no es un factor creativo en el proceso de la forma artística, sino un factor crítico, aunque de gran importancia". Entonces, la legalidad artística puede también hacer valer sus derechos sobre los materiales modernos, como el acero. Si bien su preocupación son las artes aplicadas, sus conclusiones pueden trasladarse a toda forma de arte, incluido el pictórico. Para este autor, se deben hacer confluir las dos variables en el campo de la cultura.

Henry van de Velde,[100] también en 1910, sostiene que la belleza son los productos realizados perfectamente. Por ello, obra de arte es un trabajo bien realizado. Entonces, un peluquero, o un fabricante de sillas, o un pintor crean

---

[99] Behrens, Peter, "Arte y Técnica", en Maldonado, Tomás (comp.), *Técnica y...*, ob. cit., pp. 100-114.

[100] Van de Velde, Henry, "Arte e industria", en Maldonado, Tomás (comp.), *Técnica y...*, ob. cit., pp. 115-120.

obras de arte, lo que representa otra vuelta al viejo concepto de *techné*, que trata de unir el arte con la técnica, ahí, donde esta última se expresa en la sociedad capitalista en desarrollo, en la producción en masa.

Pero Hannes Meyer,[101] ya en 1926, va un poco más allá y sostiene que el cuadro y la escultura, como expresión del mundo real, han muerto, pues en la época del cine y la fotografía, se trata de un derroche de trabajo. Ve el estudio del artista como un laboratorio científico-técnico donde la obra de arte está sujeta a las condiciones de vida de la época. También expresa el clima de crecimiento de las ideas socialistas cuando plantea que la obra de arte es colectiva y destinada a todos, y no un objeto de colección. Finalmente, explica la existencia de un cambio en los medios expresivos, pues el presente reemplaza al pasado en la forma, los materiales y el instrumento: "En lugar de la línea incierta del carboncillo, el trazo preciso con la regla T".[102]

Por lo tanto, propone, en lugar de la reproducción de los efectos de luces, la propia representación de la luz, como en la fotografía; en lugar de la imitación plástica de un movimiento, el movimiento mismo, como en el cine; en lugar de la escultura, la estructura; en lugar de los frescos, el anuncio publicitario; en lugar de la materia coloreada, la materia misma del color, y así sucesivamente. Entonces, el arte de la imitación equivalente está en decadencia, y "el arte se transforma en invención y dominio de lo real".[103]

Este autor es quien, quizás, expone con más claridad los cambios que se estaban operando en el arte como producto del impulso tecnológico, y las variaciones consecuentes en el imaginario social, efecto de la confluencia

---

[101] Meyer, Hannes, "El nuevo mundo", en Maldonado, Tomás (comp.), *Técnica y...*, pp. 247-254.
[102] Meyer, Hannes, ob. cit., p. 253.
[103] Meyer, Hannes, ob. cit., p. 254.

entre tecnología, invención y desarrollo capitalista. La tecnología entregaba nuevos instrumentos, que posibilitaban nuevas formas de expresión artística, de la misma manera que generaba una nueva realidad –como el caso de la publicidad masiva– con la cual la obra de arte se relacionaba.

Andreas Huyssen,[104] citando planteos de Fredric Jameson y Perry Anderson, resume con claridad esta etapa de cambios al señalar que se caracteriza por la presencia de las antiguas elites aristocratizantes que convivían con el mundo de la academia formal en el arte; por la aparición de nuevas tecnologías, como la fotografía, el cine y la radio; y a su vez, la proximidad entre estética y revolución política, sobre todo a partir de la Revolución de Octubre. Huyssen está pensando esencialmente en Rusia, Alemania, Francia e Italia, en la descripción de la confluencia de estos hechos históricos que, por supuesto, trasladan su influencia al resto de Europa y América.

En este contexto y en el transcurso de un suceso fatídico en la historia de la humanidad, la denominada Primera Guerra Mundial, nace en Zurich, en 1916, el movimiento *dadaísta*; un movimiento que, como relató Tristan Tzara,[105] uno de sus fundadores, estaba en contra de la guerra y expresaba en el arte el rechazo no sólo a ese hecho, sino también a toda la civilización moderna.

La confianza en la tecnología como factor de progreso y bienestar había saltado hecha pedazos en los millones de muertos y mutilados por la guerra. No fue casualidad que los dadaístas suizos saludaran a la Revolución de Octubre. Ellos pensaban que iba a traer el fin de la guerra, sin embargo, su compromiso revolucionario no se extendió más

---

[104] Huyssen, Andreas, "Modernismo y globalización", diario *La Nación*, Suplemento Cultura, Buenos Aires, 20 de agosto de 2006, pp. 1-2.
[105] De Micheli, Mario, *Las vanguardias*..., ob. cit., p. 143.

allá, como sí lo hizo el de los dadaístas alemanes, que se unieron a la Liga Espartaco.

Pero los dadaístas eran fundamentalmente nihilistas, pues no sólo rechazaban el racionalismo, sino que hasta lo hacían con la noción de arte, pues el arte era parte de una sociedad que no toleraban. Ellos sostenían que no creaban obras de arte, sino objetos. En este sentido, se pueden destacar los casos de Karl Schwitters, Marcel Duchamp y Max Ernst.

El primero crea una corriente en Dadá, denominada MERZ. En sus obras, utiliza desechos de la sociedad industrial, como clavos, latas, boletos de tranvía, papel, cuero, etc. La fragmentación y la alienación del individuo en la sociedad capitalista, impulsadas por el taylorismo y el fordismo[106] en la producción y potenciadas por la Gran Guerra, encuentran expresión –y a su vez, rechazo– en estas obras de los despojos de la propia sociedad.

Duchamp radicaliza aun más las posiciones de Dadá cuando, en 1917, en Nueva York, presenta en una exposición un mingitorio firmado al que denomina *Fuente*. Como planteaba Gadamer, es el artista el que le da estatuto de obra de arte cuando decide firmarlo, pero por otra parte, encontramos aquí un punto de intersección entre la sociedad industrial y la obra de arte. Asimismo, este hecho expresa la posición de los dadaístas acerca del fin del arte.

Las obras de Max Ernst también representan en esta época una ruptura con la obra de arte y con su historia. Podemos considerar como representativa de las obras de este autor en ese momento *Fruto de una larga experiencia*, de 1919, donde el artista tomó piezas de madera al azar, las pintó y las colocó sobre un marco. El título alude al

---

[106] Entendemos básicamente por fordismo, la integración entre el taylorismo y la línea de montaje, ideas que aplicó originalmente Henry Ford en la producción de su Ford modelo T.

argumento de la crítica para establecer la calidad de una obra y muestra el itinerario de ruptura con la pintura de caballete.

Este pintor se destacó especialmente por sus *collages*, donde se mezclan fragmentos de fotografías con otros materiales y pintura del propio autor. Se habla, entonces, de una obra compuesta por partes aparentemente sin relación, lo que una vez más representa a la sociedad fragmentada en que vivían estos artistas; sociedad que como no podían encarnar con los viejos códigos del arte, lo hacían con una intersección entre el viejo cuadro de caballete y las nuevas tecnologías, en este caso, la fotografía.

Andreas Huyssen[107] piensa que es posible describir la nueva experiencia de la sociedad con la tecnología a partir de dos situaciones: por una parte, la estetización de la técnica[108] –de la cual hemos dado cuenta en este trabajo–, y por la otra, el horror de la técnica, expresado en la Primera Guerra Mundial. Pero sólo la vanguardia posterior a 1910 es capaz de dar forma artística a esta dicotomía, ya que integra la tecnología y la imaginación tecnológica en la producción de la obra de arte.

El proyecto de los dadaístas no era unir las esferas de la alta cultura burguesa con la esfera de lo tecnológico. Más bien utilizaron la tecnología para atacar a la sociedad industrial y a la cultura burguesa. Unos años antes que Dadá, en 1909 se publica el primer manifiesto *futurista*, otro de los movimientos de vanguardia resultado del nuevo contexto europeo. Si bien el origen de este movimiento está en el norte de Italia, zona industrial de donde surgirían sus primitivas influencias anarquistas y socialistas,

---

[107] Huyssen, Andreas, *Después de la gran división. Modernismo, cultura de masas, posmodernismo*, Buenos Aires, Adriana Hidalgo, 2006, pp. 31-33.

[108] El autor utiliza en este pasaje el término *técnica*, aparentemente, como alternativo al de *tecnología*, si bien en otros casos se refiere a los *medios técnicos*.

en un giro radical y ante la centralidad de la máquina y la tecnología en sus ideas, los futuristas italianos terminarían apoyando la guerra. Ya en su primer manifiesto, estaban sentadas las bases que los harían quedar atrapados por la burguesía más reaccionaria. Allí sostenían: "Nosotros queremos glorificar la guerra –única higiene del mundo–, el militarismo, el patriotismo, el gesto destructor de los libertarios, las hermosas ideas por las cuales se muere y el desprecio por la mujer".[109]

Por otra parte, en este mismo manifiesto, podemos encontrar cómo el nuevo entorno que habíamos descripto establece las bases del planteo futurista: "Nosotros afirmamos que la magnificencia del mundo se ha enriquecido de una belleza nueva: la belleza de la velocidad [...] un automóvil que ruge, que parece correr sobre la metralla, es más bello que la *Victoria de Samotracia*".[110] Y en su lucha contra la vieja sociedad, no dudaban en pedir la destrucción de los museos, las bibliotecas y las academias. Para ellos, observar un cuadro antiguo era poner la sensibilidad en una urna funeraria.

De Micheli sostiene que este movimiento era la expresión de una necesidad de época: la de ser modernos. Ellos identificaban el progreso del ser humano con el progreso de la tecnología, que había transformado sin dudas el mundo en el cual vivían. De ahí, su influencia sobre una cantidad importante de artistas de la época, independientemente de las diferencias políticas de algunos de éstos con Marinetti. Ellos pudieron anticipar que, en la era de la máquina, ya no era posible seguir produciendo arte como se lo hacía en el siglo XIX. Es evidente que la tecnología desempeñaba un papel totalmente distinto del que había tenido en el

---

[109] De Micheli, Mario, *Las vanguardias...*, ob. cit., p. 356.
[110] De Micheli, Mario, *Las vanguardias...*, ob. cit., p. 356. El destacado es del original.

dadaísmo. Mientras que en éste era una forma de repudiar la sociedad, para los futuristas, aunque en un análisis excesivamente lineal, la tecnología traza las directrices de la nueva sociedad.

Al mismo tiempo, entre 1910 y 1914, iba surgiendo en distintas partes de Europa lo que denominamos el *abstraccionismo*, que según De Micheli, puede dividirse en más de una vertiente.

En 1917, Piet Mondrian conoce a Theo van Doesburg, y juntos fundan en Holanda la revista *De Stijl*, que dará origen a un movimiento que plantea que la actividad básica de la vida es la interior, y por lo tanto, hay que eliminar del arte la presencia del mundo objetivo. Para De Micheli, Mondrian es quien llevó adelante las ideas de un arte inspirado en la perfección de las leyes científicas y matemáticas. En este movimiento, se destruye el objeto en el arte, y el artista llega a la abstracción total identificándose con el espíritu, aunque escogiendo sus elementos de la realidad natural.

Por ello, planteaba eliminar las líneas curvas introducidas por Vantongerloo como residuo del Barroco, así como las diagonales utilizadas por Van Doesburg, y que quedaran sólo las líneas vertical y horizontal como medida estilística permitida para el *neoplasticismo*, evitando así el ingreso del dato pasional o individualista.

Mientras tanto, en 1913, Apollinaire publica *Pintores cubistas*, considerado el manifiesto del movimiento. Allí sostiene: "La geometría es a las artes plásticas lo que la gramática es al arte de escribir",[111] lo cual es representativo del enfoque científico que guiaría a estos pintores. La preocupación de los cubistas estaba puesta en construir una obra de arte, al revés de la provocación que marcaría el dadaísmo.

---

[111] De Micheli, Mario, *Las vanguardias...*, ob. cit., p. 187.

Se considera que el cuadro de Picasso titulado *Las señoritas de Aviñón* es el que da inicio a este movimiento. En realidad, esta obra fue bautizada por el artista como *El burdel* y se realizó entre 1906 y abril de 1907. El nombre con el que se la conoce le fue dado en 1916, en ocasión de su primera exhibición pública. Si bien no se trata de una pintura estrictamente cubista –como se lo entendió con posterioridad al movimiento, ya que el cubismo implicaba múltiples puntos de vista–, no sólo están presentes las bases del cubismo, sino que además, según algunos historiadores, es el disparador del arte moderno. Aquí Picasso rompe con cuatrocientos años de tradición del arte al eliminar la perspectiva, al mismo tiempo que deja de lado el naturalismo al desafiar la tradición en la pintura del cuerpo femenino.

Este movimiento hacia la abstracción tiene su testimonio en Rusia a partir de 1909, con el denominado *rayonismo*, cuyos creadores son Mijaíl Larionov y Natalia Goncharova. Si bien abrevan en el cubismo, el problema que atacan es el de la luz y la percepción de los rayos que producen los objetos. Según De Micheli, es una pintura que no es ajena al volumen y a la profundidad, y mantiene un carácter concreto propio.

Posteriormente, Kasimir Malevich lleva el arte hacia la abstracción absoluta, e inicia el *suprematismo*, movimiento que publica su primer manifiesto en 1915, en San Petersburgo. El suprematismo es el mundo de la no representación, un arte desligado de finalidades prácticas, centrado en la sensibilidad del artista. El cuadro más famoso y representativo de sus ideas es *Cuadro negro sobre el fondo blanco*, de 1913, donde se limitó a pintar un cuadrado negro sobre el lienzo.

En los años previos a la guerra, Malevich conoce a Vladimir Tatlin, fundador del *constructivismo*. Este movimiento abreva en las mismas fuentes que el primero

–Larionov, Cézanne, los *fauves*, el cubismo– y se inclina hacia la tecnología como camino de búsqueda de un nuevo arte.

Cuando llega la Revolución en 1917, casi todos los escritores y artistas de vanguardia confluyen en su apoyo. El arte debía transformarse para ellos en la representación de los ideales revolucionarios, un camino que era posible alcanzar en la medida en que se mantuvieran en el sendero del arte moderno.

Pero pronto surgieron las diferencias acerca de cómo emprender esta tarea. Una línea encabezada por Gabo y Prevsner, que publica el Manifiesto del Realismo en 1920, en Moscú, sostenía el valor absoluto del arte independientemente del tipo de sociedad, mientras que el grupo de Tatlin responde con una serie de ideas, que se pueden resumir en consignas como: "Abajo el arte. Viva la técnica. La religión es mentira. El arte es mentira".[112] En medio de la guerra civil y en marcha hacia una sociedad socialista, no se podía imaginar un camino separado de la técnica.[113] Las consignas del momento eran la industrialización y la mecanización de los campos, junto a la propiedad colectiva.

Pocos meses después del manifiesto de Gabo, Alexandre Rodchenko y Bárbara Stepanova, expresando las posiciones de Tatlin, publican el programa del grupo *productivista*. Partiendo de la base del materialismo histórico, se plantean desplazar la búsqueda de lo abstracto a lo real y demostrar el antagonismo entre la actividad artística y la producción intelectual. Sus palabras clave son *construcción* y *producto*. Es un manifiesto que busca romper con toda tradición en el arte y reemplazar al artista por el técnico. Una de sus

---

[112] De Micheli, Mario, *Las vanguardias...*, ob. cit., p. 263.
[113] Se ha respetado, igual que en otros casos, la utilización de la palabra *técnica*, que es la utilizada en el original, ya que la diferenciación que hemos establecido no parecería relevante o que se planteara siquiera en ese momento histórico.

consignas lo dice con claridad: "Abajo el mantenimiento de las tradiciones artísticas, viva el técnico constructivista".[114]

En 1921, Rodchenko exhibe en Moscú tres pinturas: *Color Puro Rojo, Color Puro Azul* y *Color Puro Amarillo*. Sobre estas obras diría que son colores básicos; un plano es un plano y no hay representación de ninguna clase.

Podemos encontrar un hilo conductor –diríamos, puntos de contacto– entre estas posiciones productivistas y algunas de las planteadas en el debate entre técnica y cultura, así como en las posiciones que llevaron a la creación de la Bauhaus en Alemania en 1919.

El arquitecto Bruno Taut, que influyó sobre Walter Gropius, quien a su vez es redactor del programa de la Bauhaus, planteaba: "No hay frontera alguna entre el arte industrial y la escultura o pintura, todo es uno: construcción".[115] A su vez, Gropius sostenía: "Creemos juntos la nueva construcción del futuro, que será un todo conjunto. Arquitectura y escultura y pintura".[116] La idea de construcción es el concepto que aglutinaba esta nueva forma de ver el arte.

No parecería un dato menor en este contexto que la fundación de la Bauhaus se produjo también en el marco de una lucha social revolucionaria. Entre noviembre de 1918 y enero de 1919, se proclama en Alemania la República, y se gesta el alzamiento revolucionario socialista conducido por la Liga Espartaco, que finalmente es derrotado.

Podemos decir que, mientras para los dadaístas el objetivo era la destrucción del arte desde una posición nihilista, para los constructivistas, los productivistas y, en algún sentido, para la Bauhaus, convergencia entre artes

---

[114] De Micheli, Mario, *Las vanguardias...*, ob. cit., p. 386.
[115] Droste, Magdalena, Bauhaus Archive, *Bauhaus 1919-1933*, Colonia, Alemania, Benedikt Taschen, 1993, p. 18.
[116] Droste, Magdalena, *Bauhaus*, ob. cit., p. 18

aplicadas y arte pictórico y escultura era sinónimo de futuro. La tecnología se constituía en punto de intersección. Para los primeros, como forma de atacar una sociedad que los agobiaba, y para el resto de los mencionados, como un salto cualitativo, que para las vanguardias rusas significaba integrar la lucha por la construcción del socialismo.

Pero igual debemos distinguir las diferencias entre la Bauhaus y el concepto de artes aplicadas, por un lado, que se proponía tomar elementos del arte para aplicar a la producción industrial –el antecedente del diseño industrial–, y el productivismo, que se planteaba liquidar el arte y fundirlo con la tecnología y la producción industrial.

En 1930, en París, Van Doesburg publica el que fue un número único de la revista *Art Concret*, donde se exponía: "Una mujer, un árbol, una vaca son concretos en su estado natural, pero en su estado de pintura son abstractos, ilusiones, vagos, especulativos, mientras que un plano es un plano, una línea es una línea, nada más ni nada menos".[117]

Se está planteando un arte que no es de representación, sino que, en palabras de Nelly Perazzo, es puro formalismo sin fundamento extrapictórico ni simbolista; un arte que antepone lo universal como lenguaje a lo particular y que impulsa la utilización de la matemática, la geometría y las ciencias.

En 1931, nace –también en París– la Asociación *Abstracción-Creación*, cuyo único requisito de pertenencia era la creación de un arte no figurativo. Junto a Van Doesburg, entre una larga lista, participan en ella Auguste Herbin, Georges Vantongerloo, Naum Gabo, Robert Delaunay, Frantisek Kupka. La denominación de *abstracción* se produce porque algunos artistas arriban a la no figuración a partir de la abstracción de la naturaleza. Y

---

[117] Perazzo, Nelly, *El arte concreto en la Argentina. En la década del 40*, Buenos Aires, Ediciones de arte Gaglianone, 1983, p. 13.

el término *creación* se refiere a los que llegan a partir de aplicar el orden geométrico o el empleo de planos, líneas, círculos, etc.

Este hecho reconoce un largo camino de búsqueda y exploración que fue emprendido por una importante cantidad de artistas y los movimientos a los cuales pertenecían, entre los que podemos mencionar a los cubistas, De Stijl, los constructivistas, los rayonistas y los productivistas. Pero parecería que estos últimos –en especial, Rodchenko con sus colores puros– son el eslabón entre esta larga serie de exploraciones y la asociación fundada en París.

Según Perazzo, lo que estaba presente en los escritos de los artistas de Abstracción-Creación era la misión social del arte, la receptividad del público, la legibilidad de la obra de arte, las exigencias de una sociedad tecnológica y la adecuación a una nueva vida colectiva; ideas que, como hemos señalado, estaban ya presentes, en todo o en parte, a lo largo del proceso de generación de las vanguardias, que se inicia a fines del siglo XIX.

Max Bill, en un catálogo de una exposición, en 1936, en Zurich, planteaba: "Llamamos arte concreto a las obras de arte creadas según una técnica y leyes que le son enteramente propias".[118] Se trata, entonces, de un arte que no se proponía abstraer de la realidad, sino crear una nueva. De hecho –sostiene Perazzo–, el artista concreto trabaja con un método de variaciones, y por lo tanto, cada obra no representa más que una entre distintas posibilidades.

Si bien la situación que hemos analizado corresponde al continente europeo, y en especial a algunos países, el nuevo contexto provocado por el desarrollo de la tecnología y su expresión en la máquina como metáfora del funcionamiento de la sociedad, así como las reacciones a este estado de cosas (como fueron la lucha contra la

---

[118] Perazzo, Nelly, *El arte...*, ob. cit., p. 24.

guerra y el nacimiento de las revoluciones socialistas), no sólo impactarían en el arte de ese continente, sino que además se trasladarían por todo el mundo y generarían repercusiones en cada país. La República Argentina no sería ajena a este proceso.

CAPÍTULO IV. ARGENTINA: EL CAMINO DEL ARTE CONCRETO

Nuevos escenarios en el cambio de siglo

El proceso desarrollado en Europa, tanto en la dimensión social, económica y tecnológica como en la artística, debía impactar en un país como Argentina, que vivía una etapa de cambios para adaptarse aceleradamente al sistema capitalista, percibido como sinónimo de la modernidad. En los últimos veinticinco años del siglo XIX, se había asistido a una transformación radical del país que, noventa años antes, había iniciado el camino hacia una nación independiente.

El cuadro de situación en el territorio de la actual República Argentina, desde 1810 hasta 1880, caracterizado por las luchas internas y la ausencia de un gobierno central y una efectiva unidad nacional, se revierte a partir de una serie de hechos, como la federalización de la ciudad de Buenos Aires, la profesionalización del Ejército, la ocupación efectiva del territorio mediante el sometimiento de los pueblos originarios y una construcción progresiva por parte del Estado Nacional de su estructura administrativa, judicial y educativa.

Para alcanzar sus objetivos, las clases dominantes necesitaban la incorporación de habitantes a un territorio que, tanto durante la colonia como en los primeros años de vida independiente, contaba con amplias zonas de baja densidad poblacional. Esta situación impulsó el período de la inmigración masiva, que se produce fundamentalmente a partir de 1880, precipitando la transformación de la vieja sociedad y, en especial, de la ciudad y provincia de Buenos Aires, que eran los lugares de asentamiento masivo de la nueva población. Algunas estadísticas dan cuenta de este nuevo marco: mientras que en 1887 la ciudad tenía 437.875 habitantes, en 1895 ya contaba con 677.786, y para 1907 llegaba a 1.083.653,[119] lo que representaba, en 20 años, un crecimiento del 147,49%.

El asentamiento del Estado Nacional y el crecimiento de la población iban acompañados de importantes modificaciones del aparato productivo y, por lo tanto, de la estructura laboral en la cual se insertaban los trabajadores. Igual que en el proceso descripto para Europa, los cambios sociales y económicos contribuyeron a generar variaciones en el imaginario de la población, entre las que se encuentran aquellas provocadas por la tecnología como impulsor de un bienestar y un progreso sin límites, si bien, en un primer momento, fueron las minorías intelectuales las conquistadas por estas ideas.

Un comentario publicado en el diario *La Nación* el 25 de octubre del año 1900, en relación con el invento de los "nuevos anteojos militares", interpretaba el estado de ánimo de la época: "No es tan solamente la mecánica que día por día nos reserva sorpresas: la óptica también [...] tiene igualmente las suyas. Ellas son un prodigio a veces, y en otras más simplemente la aplicación ingeniosa de principios

---

[119] Anuario del diario *La Razón, Historia viva 1816-1966*, Buenos Aires, 9 de julio de 1966.

conocidos pero que se hacen interesantes por lo imprevisto de sus resultados y lo práctico de su utilización".[120]

La tecnología produce así una serie de hechos, que la van instalando entre los argentinos como el factor dinamizador de la sociedad. Entre esos hechos, y sólo como ejemplos, podemos citar que, en 1870, se inaugura oficialmente el primer tranvía en Buenos Aires, ciudad que en el año 1900 contaba ya con once líneas de tranvías –tres de ellas, eléctricas–, con un recorrido conjunto de más de 400 km;[121] en 1902, los periódicos comenzaron a publicar los primeros suplementos ilustrados; en 1904, las líneas férreas nacionales sumaban 19.430 km, y en ese mismo año, se funda el Automóvil Club Argentino; en 1907, se descubre el petróleo en Comodoro Rivadavia, mientras que en 1908, Jorge Newbery junto al mayor Waldino Correa realizan un vuelo en el globo Pampero hasta una estancia bonaerense; en 1912, Teodoro Fels cruza el Río de la Plata ida y vuelta a Montevideo en aeroplano, y en 1913 se inaugura el primer subterráneo de Plaza Mayo a Plaza Miserere. En 1914, el gobierno crea la Dirección de Industrias, lo que da cuenta del cambio que se estaba operando en la estructura productiva.

Este empuje de la tecnología en la senda del progreso no sucedía sin conflictos. Crecían las industrias y el trabajo, pero igualmente lo hacían las luchas de los obreros por mejorar sus condiciones laborales. Asimismo, como

---

[120] Anuario del diario *La Nación, Cuanto cambió el mundo en 2005*, Buenos Aires, 4 de enero de 2006.
[121] Hecho este sumamente importante, ya que la red organizada del transporte de personas estaba llamada a jugar un papel central en la reorganización del mercado laboral y de la estructura de la ciudad. Las viviendas se podían extender ampliando el ejido urbano, ya que los trabajadores contaban con un medio para trasladarse a sus ocupaciones y las empresas contaban con la posibilidad de contratar su personal, no importa su lugar de vivienda, ya que el transporte garantizaba movilidad y puntualidad.

resultado del crecimiento, los conflictos se trasladaban a la esfera política y cultural, como en los casos de la lucha por el voto secreto y obligatorio, y por la Reforma Universitaria.

En este marco, la tecnología va ocupando de un modo progresivo un papel central en la vida de los argentinos, situación que Beatriz Sarlo, en su libro *La imaginación técnica*, describe así: "Los diarios de gran circulación en el período informan sobre el interés de los lectores, y también de sus periodistas, en el espacio tecnológico que es, sin duda, el espacio de la modernidad pero también el del ascenso social y el del cambio cultural".[122]

La técnica[123] representaba –primero, para los intelectuales, y posteriormente, para la pequeña burguesía urbana e incluso para sectores obreros– la posibilidad de adquisición de un conjunto de saberes de orden práctico equivalentes, en alguna medida, a los adquiridos en la universidad, posibilitando no sólo desde la perspectiva cultural, sino también en el orden de su aplicación a la producción, el ascenso social.[124]

Esta nueva situación se manifiesta con claridad en el caso de la revista *Ciencia Popular*, aparecida en 1928, a la que Sarlo define como el experimento más exitoso de las revistas de divulgación de la época. La autora se pregunta

---

[122] Sarlo, Beatriz, *La imaginación técnica. Sueños modernos de la cultura argentina*, Buenos Aires, Ediciones Nueva Visión SAIC, 1997.

[123] Hay que destacar que Beatriz Sarlo utiliza los términos *técnica* y *tecnología* casi como sinónimos, o por lo menos no es claro cuál considera que es, si lo hace, la diferencia entre ellos. Entonces, cuando se cite a esta autora, utilizaremos la palabra *técnica* en el mismo sentido que ella lo hace; pero considerando nuestra posición expuesta en el capítulo I.

[124] Debemos señalar que el hecho de aplicar el conocimiento técnico a la producción de bienes es el origen de muchos pequeños talleres que, progresivamente, se iban a convertir en la plataforma de la pequeña y mediana industria argentina, y por lo tanto, de un ascenso en la escala social de muchos inmigrantes y sus hijos.

qué es ciencia para esta publicación, y responde que es, básicamente, la técnica.

En la obra mencionada, Sarlo analiza el impacto de la tecnología en los primeros años del siglo XX en autores como Horacio Quiroga y Roberto Arlt, a partir de los cuales, es posible percibir cómo el discurso de la técnica va penetrando con lentitud en el imaginario de los intelectuales, constituyendo una de las vías por las cuales se filtra el discurso en el conjunto de la sociedad.

¿Qué es Erdosain, el personaje de Arlt? Un inventor, un creador, aquel que trae del no ser al ser, que se propone instalar un laboratorio de electrotécnica, estudiar los rayos Beta y el transporte inalámbrico de energía.[125] Beatriz Sarlo describe la imaginación de Arlt obsesionada por la técnica y la ciudad, ambas estrechamente ligadas. Las nuevas ciudades, igual que le sucede a Buenos Aires, son un resultado de la industrialización y de los cambios tecnológicos en la industria de la construcción.

Podemos pensar en el impacto que debe haber significado la transformación que sufrió Buenos Aires en los primeros treinta años del siglo XX no sólo para los intelectuales, sino también para el conjunto de la población: la construcción de edificios como el Congreso, la Morgue o el Palacio de Justicia (que datan de 1904); el inicio de las obras del Palacio Barolo (que se convertiría en el edificio más alto de América del Sur); o la construcción en 1915 de las Galerías Güemes, con catorce pisos más torre, que era al momento el objeto más alto de la ciudad.

Diarios como *Crítica* y *El Mundo*, así como el conjunto de las revistas de divulgación científica y técnica, tienen un papel relevante, como demuestra Sarlo, en la construcción de un imaginario técnico en la Argentina de la primera mitad del siglo XX.

---

[125] Ver: Arlt, Roberto, *Los siete locos*, Buenos Aires, Editorial Sol 90, 2001.

Pero no sólo las revistas de ciencia y técnica son permeables a este nuevo discurso. Podemos considerar el caso –aunque posterior al período que estamos todavía analizando, pero representativo del imaginario de la época– de la revista *Histonium*, que se publicó en Buenos Aires desde 1940 y que se definió como "Revista mensual ilustrada de cultura". Tomando como base el número correspondiente a febrero de 1946, encontramos un artículo dedicado a los ochenta años de Benedetto Croce, otro sobre las degeneraciones románticas de la figura y la vida del gaucho, así como un artículo sobre ideal y fantasía en el arte de Doménico Morelli, entre diversos materiales que se esperaría encontrar en una revista de cultura. Pero de manera simultánea, desde el primer número de 1946, aparece un inserto al inicio, en hojas de color, titulado "Ciencia amena", donde aparecen problemas científicos, que son explicados por un ingeniero que no firma con su nombre, sino con el de *ingenium*. Incluso en el cuerpo principal de la revista, aparecen dos artículos con los títulos de "Transformación artificial de los elementos" y "Estelas de átomos". La ciencia y la técnica se van incorporando en forma progresiva al discurso intelectual de la primera mitad del siglo XX en la Argentina.

Los artistas de ese momento no quedarían insensibles ante todos estos cambios, en especial los pintores, que necesitaban buscar los caminos, igual que sus colegas europeos, para representar una sociedad que ofrecía nuevas experiencias a los sentidos, como el ruido de la máquina, la niebla provocada por el humo de la industria, la velocidad de los medios de transporte o la altura de los edificios.

El espacio del arte

La transformación que estaba sufriendo la sociedad también produjo una modificación lenta pero progresiva en la esfera del arte. Entre 1880 y 1910, tuvo lugar en la Argentina un impulso al desarrollo de las artes plásticas, proceso que de acuerdo con el planteo de Malosetti Costa[126] permitiría percibir hacia 1910 la existencia de un campo artístico que comienza a cobrar autonomía. Esta situación es producto del pensamiento de las elites –la generación del ochenta–, que visualizaban la correlación entre civilización y artes plásticas. Se inicia así el proceso de estructurar un campo específico del arte, con la conformación de un público, la formación de artistas y el desarrollo de un mercado del arte.

Frente al fenómeno mencionado de la inmigración masiva, el arte podía jugar un papel en la afirmación de la nacionalidad; es ahí donde se busca que el criollismo opere desde la pintura como un factor aglutinante. Se trata de un período donde todas las miradas estaban puestas en Europa y, por lo tanto, la legitimación de los pintores debía producirse en ese continente, especialmente en Francia, o como mínimo en los Estados Unidos. Esta es la causa por la que muchos artistas viajaron hacia ese destino, con el objetivo de formarse y obtener el aval necesario para su carrera en el país, proceso que continuaría durante el siglo XX y que permitiría que las distintas tendencias en el campo del arte pictórico fueran asimiladas por nuestros artistas, a la vez que reformuladas en la búsqueda de un arte con características nacionales.

---

[126] Malosetti Costa, Laura, "Las artes plásticas entre el ochenta y el centenario", en Burucúa, José Emilio (director de tomo), *Nueva historia argentina. Arte, sociedad y política*, Buenos Aires, Editorial Sudamericana, 1999.

Junto a este hecho convergen otros, como el surgimiento de la crítica de arte en los diarios, la realización de las primeras exposiciones, la fundación en 1876 de la Sociedad Estímulo de Bellas Artes, definida por Malosetti Costa[127] como "la primera agrupación independiente de artistas con características modernas", y especialmente, la necesidad de poner al arte a la altura de un país en que el progreso implicaba un desarrollo industrial que lo ponía en esa senda.

Si bien la crisis de la década de 1890 significó un duro golpe al proyecto positivista de desarrollo y progreso, ello no impidió la creación de nuevos espacios de exhibición y de instituciones artísticas, como el Museo Nacional de Bellas Artes, en 1895. Lentamente, el arte comienza a expresar esa sociedad en cambio, donde el avance científico y tecnológico impulsa a la sociedad capitalista, que se va imponiendo no exenta de contradicciones, y donde lo "nuevo" emerge sobre y contra lo "viejo". La descripción de la obra de Reinaldo Giudici, *El primer ferrocarril "La Porteña" cruzando la campaña*, en el capítulo anterior, es una demostración de la penetración de un nuevo imaginario social en construcción, en el mundo del arte.

Pero en el trabajo de Malosetti Costa que hemos mencionado, también se destacan unos hechos que podemos considerar como parte de las intersecciones entre el arte pictórico y la tecnología, expresada ésta no sólo en la industria y los objetos que ella proporcionaba, sino también en el surgimiento de nuevas formas de mirar y escuchar, como producto de la modificación del espacio sonoro y visual del hombre de finales del siglo XIX.

Uno de los hechos destacables es la exposición, en 1885, de un panorama en rotonda, que consistía en una tela dispuesta en forma circular, en un recinto diseñado e

---

[127] Malosetti Costa, Laura, *Las artes plásticas...*, ob. cit., p. 172.

iluminado para que los espectadores se sintieran parte de la escena; entre el público y la tela, y con el mismo fin, se disponían objetos y figuras de cera. Asimismo, Malosetti Costa hace alusión a la utilización en la época de artificios ópticos diversos –dioramas, cosmoramas, etc.-, que al igual que el panorama en rotonda, hablan de los cambios que se estaban produciendo en las maneras de ver, aunque estos artificios no se hayan incorporado a las artes plásticas en ese momento histórico.

Otro hecho para mencionar es que tanto Della Valle como otros pintores hacían un uso frecuente de la fotografía para la composición de sus cuadros. Inclusive se menciona a varias fotografías de Francisco Ayerza como fuentes de composiciones del pintor. La propia autora que estamos citando expone cómo la Sociedad Fotográfica Argentina de Aficionados, de la que Ayerza fue impulsor, realizó series de fotografías dedicadas a la pampa, además de componer fotos haciendo posar teatralmente a sus personajes. Es evidente que estamos en el momento en que la fotografía va ocupando de un modo progresivo el lugar de la pintura, liberándola para emprender otros caminos estéticos, proceso que ha sido expuesto en este trabajo.

Por último, debemos mencionar la presentación en 1894 de la obra *Sin pan y sin trabajo* de Ernesto de la Cárcova, que expresa la desesperación del obrero sin trabajo y la miseria para él, su mujer y su pequeño hijo que genera este hecho, todo con el telón de fondo de la industria. La frase de Borges "la pobreza de ayer era menos pobre que la que ahora nos depara la industria", del cuento *La señora mayor*,[128] resuena cuando se mira este cuadro; nada más representativo de la dicotomía presente en una sociedad que ve a la ciencia, a la tecnología y a la industria

---

[128] Ver: Borges, Jorge Luis., *El informe de Brodie*, Buenos Aires, Emecé Editores, 2005, p. 77.

resultante de ellas como factor de progreso sin límites, pero también como causa de la alienación, la miseria y la explotación que traen a su vez aparejadas. La revolución industrial que la Argentina quería imponer como factor de progreso hacía impacto en el arte pictórico desde su lado más oscuro.

Ruptura e innovación

El 5 de abril de 1909, el diario *La Nación* publica un artículo titulado "Marinetti y el futurismo", escrito en París por Rubén Darío. Se trata de un hecho destacado, pues ilustra cómo, aunque a intervalos irregulares, iban llegando a estas costas los ecos de las vanguardias artísticas. En este artículo, Darío, reconociendo en Marinetti un buen poeta, reproduce el Manifiesto del Futurismo con el objetivo de desmenuzarlo y, párrafo por párrafo, demostrar que no hay ninguna novedad en él; es que atribuye sus ideas más a un tema de impulso juvenil. Pero hay un dato sólo en apariencia irrelevante, que es cómo Darío utiliza la idea de tiempo y espacio para ridiculizar las ideas de Marinetti. Ese dato, sin embargo, muestra por dónde pasaban las preocupaciones del momento. Igualmente, hay que destacar la importancia del artículo, pues se trató de la primera oportunidad de tomar contacto masivo con estas ideas.

Si bien ya en 1921, según destaca Fermín Fèvre,[129] el pintor Ramón Gómez Cornet había expuesto cuadros cubistas en Buenos Aires, en el salón Chandler –lo que no causó revuelo, ya que este artista abandonó rápidamente esta corriente y destruyó muchos de sus cuadros–, la exposición en 1924 de Emilio Pettoruti en la galería Witcomb, en Florida 364, es un acontecimiento que viene a sacudir

---

[129] Fèvre, Fermín, *Emilio Pettoruti*, Buenos Aires, Editorial El Ateneo, 2000.

el mundo intelectual de ese momento, al introducir las vanguardias europeas en el arte pictórico argentino.

El escándalo causado por esta exposición queda en evidencia en el recuerdo del crítico Leonardo Estarico, en el diario *Crítica*, en 1927, y que reproduce Fèvre: "La noticia de que un futurista exponía sus cuadros en calle Florida recorrió como un estremecimiento eléctrico los nervios de la ciudad. Ya no fueron los artistas o los pseudo artistas los únicos que se interesaron [...] Todo el mundo concurrió a la extravagante exposición con el firme y edificante propósito de reír a mandíbula batiente y protestar a grito pelado".[130]

Pettoruti había viajado a Europa con una beca en 1913, donde tomó contacto en Italia con el futurismo y posteriormente en París con el pintor cubista Juan Gris. En 1923, en la galería Der Sturm, en Berlín, realiza su primera exposición individual. Allí se destacó en el arte de vanguardia. Independientemente de que este pintor no puede considerarse de manera explícita dentro de las corrientes por las que estuvo influido, como el futurismo y el cubismo, no cabe duda de que representa un punto de ruptura con la tradición de la pintura figurativa, si bien algunos de sus autorretratos o las pinturas *Mi Madre* o *Carolita* –ambas de 1925– hablan de un ir y venir entre la abstracción y la figuración.

En sus obras de la década de 1910, se puede ya observar la influencia del futurismo y las nuevas vanguardias europeas. Así, es destacable *El sifón o Lacerba*, de 1915, donde utiliza la técnica del *collage*, y otras pinturas con títulos sugestivos como *Fuerza centrífuga* y *Dinámica espacial* (ambas de 1914), *Expansión violencia* (1915) y *Dinámica del viento* (1916), todas en lápiz sobre papel.

Emilio Pettoruti, con su exposición en 1924, puede considerarse un punto de inflexión en el arte pictórico

---

[130] Fèvre, Fermín, *Emilio...*, ob. cit., pp. 11-12.

argentino; pero no se trataba de un caso aislado, sino que formaba parte de un entorno intelectual que pretendía, con la mirada puesta en Europa, interpretar el nuevo contexto económico, social y cultural de nuestro país desde la perspectiva del arte. No está de más recordar que entre 1924 y 1927 se publicó la revista *Martín Fierro*, que era una genuina representante del pensamiento de vanguardia en nuestro país y que, según Nelly Perazzo,[131] fue donde apareció por primera vez en Argentina la referencia a *las leyes autónomas del cuadro*.

Este punto de inflexión que marca la exposición de Pettoruti hay que enmarcarlo no sólo en las preocupaciones intelectuales de la época, sino también en los cambios que sucedían en el mundo del arte pictórico en el país. Diana Wechsler[132] describe ese momento de finales del siglo XIX y primeras décadas del XX como de "convivencia conflictiva" de distintos tipos de obras. Así, se encontraban las de artistas como Fader o Bernardo de Quirós, herederos del impresionismo y la pintura regional española, con las de Pettoruti, Xul Solar Norah Borges, Guttero, Gómez Cornet, que estaban asimilando la experiencia de las vanguardias. Pero también es posible observar la existencia de caminos intermedios, como los casos de las pinturas de Forner, Berni, Basaldúa, Victorica, Travascio y otros. Frente a una institucionalidad débil de nuestro campo artístico en la década de 1920, esta autora plantea la imposibilidad, en ese momento, de un cambio abrupto, prefiriendo hablar de *matices* de la modernidad.

---

[131] Perazzo, Nelly, "Tomás Maldonado y los orígenes de la vanguardia argentina", en Maldonado, Tomás, *Escritos Preulmianos*, Buenos Aires, Ediciones Infinito, 1997, p. 19.

[132] Wechsler, Diana B., "Impacto y matices de una modernidad en los márgenes. Las artes plásticas entre 1920 y 1945", en Burucúa, José Emilio (director de tomo), *Nueva Historia...*, ob. cit.

Ante una corriente instituida en el mundo del arte, estructurada alrededor de pintores y crítica, que opta por la representación de paisajes, desnudos, animales y retratos, va surgiendo, en la segunda mitad de la década de 1920, una pintura que encara una búsqueda plástica, que mira a la propia obra como su objeto de estudio. El crecimiento de las naturalezas muertas y la construcción de imágenes utilizando abstracciones geometrizantes son el resultado de esta búsqueda.

El paisaje cambiante de la ciudad también va ingresando en la pintura, donde independientemente del contenido figurativo de las obras, observamos de nuevo que las modificaciones introducidas en la sociedad producto de la unión entre tecnología e industria dan lugar a cambios en el contenido de la obra de arte. Aunque en este caso, se trata de una pintura que podríamos denominar "nuevo costumbrismo", en la medida que muestra la ciudad, sus edificios, su industria, pero ausente de conflictos. Ello no obsta para que un artista como Guttero introduzca en sus obras elementos geométricos y abstractos, aun dentro de un arte figurativo.

Frente a esta irrupción de sólo una de las facetas de una sociedad que se transforma en el contenido del arte pictórico, en 1914 surge –aunque con cambios de nombre en la primera etapa– la propuesta estético-política de los Artistas del Pueblo, grupo formado por José Arato, Adolfo Bellocq, Guillermo Facio Hébecquer, Agustín Riganelli y Abraham Vigo. Ellos utilizan fundamentalmente el grabado para impulsar un arte de contenido social donde, aun manteniendo su pintura dentro de la figuración, introducen modificaciones plásticas que marcan sus diferencias con la estética figurativa.

Este panorama de la evolución del arte pictórico en los primeros años del siglo XX nos muestra que la evolución de la pintura, en la búsqueda de una estética que le posibilitara representar una nueva sociedad asentada en el cambio tecnológico y los consecuentes cambios en la industria, no fue un camino lineal ni el producto de un hecho aislado, sino que se trató de un complejo proceso de adaptación a las nuevas condiciones. En un contexto de transformaciones tanto en lo social como en la esfera del arte, los artistas reflexionaban acerca de cómo la dimensión de la economía, la política, la tecnología, influían en las obras que producían.

María Cristina Rossi, en un trabajo sobre la dicotomía entre realismo y abstracción,[133] transcribe las respuestas que algunos artistas dieron a una encuesta titulada ¿Où va la peinture?, entre mayo y junio de 1935, organizada por la revista francesa de izquierda *Commune. Revue del'Association des Écrivains et des Artistes Révolutionnaires*. Entre los que envían su respuesta, se encuentra el argentino Antonio Berni. Hay que destacar que el contexto en que se realiza la encuesta es el del surgimiento del fascismo y el de la política impulsada por la URSS y los partidos comunistas para constituir frentes populares para enfrentarlo. Asimismo, corresponde al impulso dado desde el Partido Comunista de la URSS al realismo socialista en el arte.

La opinión que envía Berni –según cita María Cristina Rossi–, comienza con una descripción histórica del desarrollo de los medios técnicos y las necesidades de expresión de cada sociedad. Marca, a continuación, que los cambios operados en la segunda mitad del siglo XIX coinciden con las últimas etapas del desarrollo de la pintura de caballete. Cuando hablaba de "medios técnicos", Berni no sólo se refería a la fotografía o el fotograbado, sino también a los

---

[133] Rossi, María Cristina, "En el fuego cruzado entre el realismo y la abstracción", en García, María Amalia; Servidio, Luisa Fabiana y Rossi, María Cristina, *Arte argentino y latinoamericano del siglo XX*, Buenos Aires, Fundación Espigas, 2004.

materiales que la industria había puesto a disposición de los artistas y que posibilitaban un rápido secado al ser utilizados con el mismo instrumental que en los procesos industriales.

Con esta introducción, Berni presentaba su experiencia como parte del equipo que realizaba el mural de la quinta de Natalio Botana. Su planteo apuntaba a que el arte debía salir a la calle, situarse en fachadas, laterales y detrás de los grandes edificios, para ser accesible a las grandes masas dinámicas de su tiempo; se trataba del arte de la sociedad socialista del futuro. Finalmente, sostenía que la burguesía aprovechaba esos descubrimientos –los técnicos–, pero sólo el proletariado ruso los utilizaba según un criterio científico, artístico y al alcance de las grandes masas.

También describe Berni, según cita María Cristina Rossi, la realización de un ensayo con laca aplicada con brocha mecánica, sobre una tela de tres por dos metros. Como era difícil acceder a los muros –el artista sostenía que la burguesía no los cedería–, el descripto era un mural transportable, que según Rossi se trataría de *El hombre herido. Documento fotográfico*, realizado en colaboración con Anselmo Piccoli y que se perdió en un siniestro en la Asociación del Magisterio de Rosario.

Estas ideas de Berni muestran cómo los cambios tecnológicos y sus consecuencias en la producción estaban modificando el mundo del arte, pues nuevos materiales implicaban nuevas posibilidades de expresión.

La abstracción

Como estamos analizando, la tecnología penetró profundamente en el arte pictórico por medio de los nuevos materiales y, también, a partir de los cambios que se producían en el contenido de la obra de arte, como producto de la modificación del contexto ideológico y sensorial del artista y los receptores. Pero si bien impactó en toda la pintura, debemos decir que es el arte abstracto quien se transformó en el "hijo dilecto" de esta revolución tecnológica que impulsó la producción en masa en la primera mitad del siglo XX.

Y la lógica implícita en esta idea es que justamente es este tipo de pintura el que cumple con el postulado de la tecnología, que es el quiebre de la tradición. Ya hemos observado en el capítulo I que la tradición es uno de los componentes de nuestro concepto de arte; y la tecnología, en el terreno de las imágenes, al desarrollar la fotografía o el cine, estaba rompiendo con cualquier tradición, ya que ella no existía para estas técnicas. Si bien es cierto que la historia siempre forma parte de la base de las nuevas ideas y que nada surge de la nada, no existía, por ejemplo, una tradición en la imagen fotográfica, sino que debió ser creada por los primeros fotógrafos que experimentaban de acuerdo a sus necesidades y al conocimiento progresivo del instrumento y sus posibilidades.

De la misma manera, la abstracción es un quiebre radical con respecto a la pintura figurativa, que sólo podía ser encarado por aquellos que formaban parte de una sociedad que rompía violentamente sus tradiciones. Aun con las limitaciones que se han ido exponiendo, la sociedad argentina –por lo menos en la ciudad de Buenos Aires– estaba en este camino.

Uno de los pioneros de la introducción de la abstracción en la Argentina –quizá deberíamos decir el primero en cuanto a la adhesión formal a esta forma de expresión– fue Juan del Prete. Había nacido en Italia en 1897, y luego de obtener la nacionalidad argentina, viaja en 1929 a París con una beca, exponiendo sus obras ya en 1930. Allí es influido por el cubismo y el fauvismo, y en 1932 ingresa en la Asociación Abstracción-Creación. Cuando regresa, en 1933, presenta en Amigos del Arte –institución que le había otorgado la beca para su viaje a Francia–, la que se considera la primera exposición de pintura abstracta en el país.

Un ejemplo de su pintura de esta época es la obra *Abstracción*, de 1932, exhibida en el Museo Nacional de Bellas Artes. En ella, se puede observar la presencia de planos, rectas y curvas, así como un importante trabajo con el color, pero sin perder la sensación espacial en el conjunto de la obra. Esta obra representa uno de los tantos caminos que podía tomar la abstracción en las primeras décadas del siglo XX, el cual sería abandonado con posterioridad por Del Prete. En 1945, los artistas que formaron la Asociación Arte Concreto-Invención van a reconocerlo por su aporte precursor de la abstracción.

Inclusive, este artista participa en dos exposiciones de Arte Nuevo en Buenos Aires, en 1947. La primera, en el Salón Kraft, y posteriormente, en la galería Payer junto a los artistas concretos. Luego, en 1948, se vuelve a exhibir una obra suya junto a los concretos y al grupo Madí, en París, en el salón *Realités Nouvelles*.

Dentro de estas menciones de quienes consideramos representantes de los hitos más relevantes de los primeros pasos de la abstracción en nuestro país, no queremos dejar de incluir a Esteban Lisa. Se trata de un artista muy particular, ya que a pesar de haber desarrollado su actividad entre los finales de las décadas de 1920 y 1970, en ese período participó sólo en una exposición colectiva en 1949, y la primera exposición individual es de 1987,[134] cuando ya había fallecido. ¿Por qué incluirlo en la lista de los primeros pasos de la abstracción?

---

[134] Según el listado adjunto al catálogo de su exposición en el Fondo Nacional de las Artes, en abril de 2006.

Independientemente de las relaciones que encuentra Diana Saiegh[135] entre Lisa y Braque, Picasso, Kandinsky o Klee, entendemos como relevante para nuestro trabajo el estudio de sus preocupaciones estéticas, de las cuestiones a las cuales buscó respuesta, que evidentemente estaban en extremo vinculadas a las de los artistas de la primera mitad del siglo XX.

Elena Oliveras, en el catálogo de la exposición que le dedicó el Museo Nacional de Bellas Artes,[136] plantea que Lisa prestó atención tanto a la relación arte-técnica como a la de materialismo-espiritualismo, asombrándose ante los vuelos espaciales y alertando ante las nuevas tecnologías. Estas cuestiones –no las únicas, por supuesto– son las que contribuyeron a la formación del mundo intelectual del pintor, lo cual se reflejaría en el camino elegido hacia la abstracción en su obra. Un mundo intelectual que en el mismo catálogo, José Burucúa,[137] a partir del análisis de su biblioteca, describe influido tanto por la ciencia moderna como por la filosofía clásica.

Pero quizá, donde con más convicción expresa su universo estético, es en su libro *Kant, Einstein y Picasso*,[138] aunque haya sido publicado sólo en 1956 y haya tenido una circulación restringida, casi secreta, igual que toda su obra. En el libro, Lisa plantea que "las manifestaciones del arte moderno no se refieren a representaciones objetivas sino a creaciones abstractas, producto de valores sensibles,

---

[135] Saiegh, Diana, *Esteban Lisa. El legado del color*, Buenos Aires, Fondo Nacional de las Artes, abril de 2006, pp. 24-26.
[136] Oliveras, Elena, *El silencio del pintor*, Buenos Aires, Museo Nacional de Bellas Artes, julio de 1999, p. 20.
[137] Burucúa, José Emilio, "La biblioteca de Esteban Lisa: los libros y las ideas de un pintor", *Esteban Lisa*, Buenos Aires, Museo Nacional de Bellas Artes, julio de 1999, p. 54.
[138] Lisa, Esteban, *Kant, Einstein y Picasso*, Buenos Aires, Escuela de Arte Moderno de Buenos Aires "Las cuatro dimensiones", 1956.

previamente elaborados por el intelecto".[139] También relaciona las abstracciones de las matemáticas con las abstracciones del arte moderno. En este último, lo abstracto se traduce en esquemas o estructuras de líneas y en armonía de colores, que se alejan de la imagen de los hechos en el mundo sensible.

En su búsqueda, podemos percibir el clima intelectual de época, de debate sobre los caminos del arte en una sociedad donde ciencia, tecnología y sistema productivo impulsaban cambios que modificaban la manera en que las personas percibían su presente y su futuro.

El arte concreto

Estudiar una corriente estética es –como expusimos en el capítulo anterior en relación con el análisis de las vanguardias europeas– el resultado de la interacción de un conjunto de variables que no se manifiestan en forma lineal, sino como producto de un entramado complejo y dinámico. Así sucede, por ejemplo, con los antecedentes del arte concreto en el país, que como hemos consignado para el caso de Lisa y algunos otros que surgirán posteriormente, forman parte del clima intelectual de ese momento histórico y contribuyen a explicar el camino seguido por un artista o un grupo de ellos. Este es el esquema que nos posibilitará pensar en el arte concreto como exponente de un nuevo arte, el de la era de la máquina, como en términos metafóricos la hemos denominado.

En 1941, cuatro jóvenes pintores –Jorge Brito, Claudio Girola, Alfredo Hlito y Tomás Maldonado– publican un manifiesto en Buenos Aires, en donde expresan de alguna manera la necesidad de buscar nuevos caminos para el

---

[139] Lisa, Esteban, *Kant...*, ob. cit., p. 33.

arte; dichos caminos no pasaban por los salones oficiales, donde circulaba la figuración en la pintura. En el manifiesto, adhieren a la posición de Cocteau, para quien de lo único que una persona puede enorgullecerse es de hacer una obra a la que no se piense que se le pueda entregar una recompensa oficial. Y cierran su propuesta con una frase provocadora de Carlo Carrá: "Es necesario suprimir a los imbéciles en el arte".[140]

En el verano de 1944, se produce un hecho que puede considerarse como un momento fundacional en cuanto a la repercusión que habría de tener en el desarrollo de la vanguardia en la Argentina: la aparición del primer y único número de la revista *Arturo*. Como ya hemos expresado, un hecho no es más que el emergente de una serie de acontecimientos, pero su carga simbólica y la forma en que es apropiado por los actores sociales le confieren la característica de disparador de cambios que van a hacer sentir su impacto durante mucho tiempo.

Para Nelly Perazzo, lo que hace trascendente a esta revista es su ruptura violenta con todo lo anterior;[141] para Gyula Kosice –uno de sus fundadores–, se puede considerar "como el acta de nacimiento, entre nosotros, de la vanguardia que propiciaba un arte de no representación, superador de viejas recetas estéticas".[142]

La salida de esta revista se da en un momento de efervescencia en el mundo del arte, que Tomás Maldonado sitúa esencialmente entre 1943 y 1948, que traería aparejado el parto de las vanguardias en nuestro país. Para Maldonado, una de las causas es la situación de guerra en Europa, que obligó a muchos artistas al exilio en el continente

---

[140] Maldonado, Tomás., *Escritos Preulmianos...*, ob. cit., p. 33.
[141] Perazzo, Nelly, *El arte...*, ob. cit., p. 59.
[142] Kosice, Gyula, "A partir de la revista *Arturo*", diario *La Nación*, 1 de octubre de 1989. En: *Revista Ramona*, "Homenaje a Gyula Kosice", núm. 43-44, Buenos Aires, agosto-septiembre de 2004, p. 7

americano.[143] Se trataba de pintores, escritores, filósofos, científicos, que posibilitaron a los artistas y a un conjunto de intelectuales tomar contacto directo con las ideas y los escritos de las vanguardias europeas.

Un análisis de la revista *Arturo*[144] nos dice que la tapa fue diseñada por Tomás Maldonado, y en el interior, hay reproducciones de obras de Rhod Rothfuss, Vieira Da Silva, Augusto Torres, Lidy Prati –esposa de Maldonado–, Torres García, Kandinsky, Piet Mondrian y Maldonado. A continuación de la tapa, una hoja está dedicada a una definición, que a nuestro criterio es uno de los aportes centrales de la revista y que reproducimos textualmente:

> INVENTAR: hallar o descubrir a fuerza de ingenio o meditación, o por mero acaso, una cosa nueva o no conocida / Hallar, imaginar, crear su obra el poeta o el artista
> INVENCIÓN: Acción y efecto de inventar / HALLAZGO
> INVENCIÓN contra AUTOMATISMO

Esta definición viene a plantear la que consideramos es la idea medular de este grupo y lo que luego sería la Asociación Arte Concreto-Invención: el concepto de *invento*, de *creación*, de una cosa nueva o no conocida. Como hemos expuesto, una palabra, *invención*, que adquiere su actual magnitud durante la Revolución Industrial, como parte inseparable del sistema productivo y de su necesidad de crear nuevas tecnologías para impulsar su desarrollo, que no es otro que el sentido que da Arlt a su Erdosain, el inventor que se basa en la ciencia para su actividad creadora de nuevos bienes industriales.

Continuando con el análisis de *Arturo*, nos encontramos con varios artículos y poemas que permiten analizar las preocupaciones estéticas y el carácter integrador con otras vertientes del arte que propiciaban los jóvenes que

---

[143] Maldonado, Tomás, *Escritos...*, ob. cit., pp. 120-121.
[144] Revista *Arturo*, Buenos Aires, verano de 1944.

encabezaban esta experiencia. Pero a los efectos de este trabajo, vamos a detenernos en tres artículos.

El primero de ellos es de Arden Quin, sin título, donde analiza la evolución del arte y el porqué de la invención; proceso que estudia a la luz del materialismo dialéctico, lo que revela su posición marxista, dato no menor si se considera el papel desempeñado por el marxismo y la Revolución de Octubre en la evolución del constructivismo y el productivismo, antecesores del arte concreto. En relación con este marco de análisis, plantea: "Nadie pensó en subordinar el fenómeno del arte moderno, y sus abstracciones, al proceso de liquidación económica y social del orden capitalista, y a la creación de una nueva sociedad bajo formas socialistas de producción".

En el mismo artículo, estructura la historia del arte en una primera etapa de *primitivismo*, dominada por la *expresión*; una segunda, que denomina de *realismo* –a partir de la Grecia del siglo V a. C.-, signada por la *representación*; y finalmente, la del *simbolismo*, marcada por la *decadencia*. El edificio del arte contemporáneo pudo ser levantado porque la expresión fue reemplazada por la invención, y los artistas, más que intuitivos puros, han sido inventores.

Si enlazamos la acción de inventar con el papel del arte moderno en la construcción de una sociedad socialista, podemos encontrar un hilo conductor, aunque organizado como "carrera de obstáculos" entre el constructivismo, el productivismo y los artistas nucleados en *Lef*,[145] por una parte, con los artistas concretos, o por lo menos aquellos que luego formarán la Asociación Arte Concreto-Invención, por la otra.

¿En qué sentido planteamos un hilo conductor? Para los constructivistas, productivistas y los artistas organizados

---

[145] Frente de izquierda de las artes, en la URSS, del cual formaban parte Maiacovsky, Eisenstein, Isaac Babel, Meyerhold y otros.

en *Lef*, el arte no podía ser un experimento puro, sino que debía expresar las verdades revolucionarias,[146] y esto sólo se podía hacer en el terreno del arte moderno, con la tecnología ubicada siempre como telón de fondo.

No es muy distinto del planteo de Arden Quin, sólo que hablamos de una vinculación con obstáculos, ya que el próximo paso de la operación de los productivistas era fundir el arte con la industria, proponiendo a los artistas dedicarse a actividades útiles para la sociedad, como la tipografía, la ingeniería, la publicidad o la arquitectura, o la elección de soportes, como la fotografía o el cine, lo cual era la consecuencia lógica después de las pinturas de colores puros de Rodchenko. Era como conducir al arte pictórico a un callejón sin salida, pues ya no había nada más por hacer, lo que se puede vincular con la necesidad que tenían esos revolucionarios de impulsar el desarrollo industrial en un país que surgía sobre la base de un imperio atrasado productivamente, en comparación con el estado del capitalismo europeo. Para estos vanguardistas rusos, los instrumentos de la tecnología representaban la siguiente etapa del arte.

En cambio –así lo entendemos–, nuestros concretos buscarían los caminos para resolver el problema que había enfrentado a Malevich o Gabo con los seguidores de Tatlin. No había que disolver el arte en la industria, como proponían los productivistas, sino que se podía encontrar un camino para el arte moderno después del cuadrado blanco sobre blanco o de los colores puros. Estos artistas argentinos, alimentados por las vanguardias europeas y por los debates de ideas, en todos los campos, de la primera mitad del siglo, buscaban y encontraban una salida para el arte pictórico. Igualmente, no hay que olvidar la imposibilidad de aislar a estos artistas de Max Bill, Vantongerloo

---

[146] De Micheli, Mario, *Las vanguardias...*, p. 259.

y otros, que habían emprendido para el arte la búsqueda de nuevos caminos en Europa, influyendo con sus ideas a nuestros vanguardistas.

Al continuar con el análisis de *Arturo*, otro de los artículos que nos interesa examinar es el del poeta Edgar Bayley, también sin título. Allí se plantea que la idea estética más importante del momento que se vive es la de producir imágenes puras sin preocuparse por su acuerdo con realidades externas. Entonces, la novedad pasa a ser la imagen-invención, pues la realidad interior –entendemos que se refiere a la abstracción como reflejo del yo interior– o el simbolismo falsean la imagen y la despojan de su valor estético. Por lo tanto, el realismo, el simbolismo, el expresionismo o el romanticismo son falsos, criticando a todos los que se basan en lo existente, pues ahí no es posible encontrar nada nuevo. Defiende así una imagen liberada de la necesidad de referirse a objetos existentes y que, por lo tanto, se proyecte sobre el porvenir.

Es posible detectar, por una parte, su continuidad con las vanguardias europeas a las que reconoce como portadoras de las bases para una nueva imagen, pero por otro lado, marca la necesidad de producir un salto cualitativo en cuanto al porvenir del arte pictórico. Este problema del porvenir también había estado presente en las vanguardias rusas, pues mientras Gabo defendía un arte del presente, liberado de pasado y futuro, y por lo tanto, un arte puro, independiente del sistema que lo producía, para los productivistas, el arte debía ser del futuro, de la sociedad socialista.

Finalmente, juzgamos también relevante el artículo de Rhod Rothfuss, titulado "El marco: un problema de plástica actual", que junto con el concepto de *invención* es uno de los grandes aportes teóricos al problema del camino para seguir por el arte en ese momento. Según Raúl Lozza,[147] las primeras experiencias con el marco irregular provenían del pintor húngaro Péri, siendo Rothfuss quien impulsa su aplicación en el Río de la Plata. El tema del marco reviste particular importancia en la etapa que estamos analizando de la evolución del arte concreto, por lo menos en esa deriva intelectual que hemos ubicado con base en el constructivismo y la Bauhaus.

En 1921, Ortega y Gasset escribe un trabajo titulado "Meditación del marco",[148] donde reflexiona acerca del papel que juega el marco en el cuadro. Allí sostiene que la obra de arte es una ficción rodeada por la realidad y, por lo tanto, es necesario que lo artístico se encuentre aislado de lo vital, pues una situación indefinida en este aspecto estaría perturbando nuestro goce estético. Entonces, dice que es necesario que la pared concluya y que nos encontremos de forma súbita en el territorio irreal del cuadro. Así, el marco jugaría el papel de un aislador, siendo un objeto neutro: ni la ficción del cuadro, ni la realidad de la pared.

Similar planteo es el de Ernst Gombrich, quien ante la pregunta de por qué es necesario un marco decorado en una obra de arte responde: "No es necesario. Pero con un marco es más fácil mirar un cuadro, porque se sabe dónde se debe detener el movimiento de los ojos".[149]

Estas posiciones responden a una clara división entre la ficción y la realidad, situación que la tecnología había puesto en crisis en el período de tránsito entre los siglos

---

[147] Lozza, Raúl, "La pintura concreta", en catálogo de la exposición *Raúl Lozza. Hacia la pintura concreta y un homenaje*, Buenos Aires, Centro Cultural de la Cooperación, del 21 de noviembre al 11 de diciembre de 2005.

[148] Ortega y Gasset, José, "Meditación del marco", *El Espectador*, tomo III, Madrid, España, Editorial Edaf, 1998.

[149] Gombrich, Ernst y Eribon, Didier, *Lo que nos dice la imagen. Conversaciones sobre el arte y la ciencia*, Bogotá, Colombia, Editorial Norma, 1993, p. 131.

XIX y XX, como ha sido expuesto en el capítulo III. La apropiación que las vanguardias artísticas hacen de la tecnología en esta etapa pone en cuestión la necesidad de una divisoria entre el hecho artístico y la realidad.

¿Cuál es el planteo de Rothfuss en relación con el marco? En el artículo publicado en *Arturo*, expone cómo el cubismo concreta el camino iniciado por Gauguin para salir del error del naturalismo, y cobran valor nuevamente en la creación de la obra de arte pictórica las leyes de la proporción, el color, la composición y lo relativo a la técnica. También toma el planteo de Apollinaire, según el cual, con el aspecto geométrico, los artistas quisieron restituir la realidad esencial de la pintura. Pero en este proceso, surge un problema: el marco rectangular que cortaba el desarrollo plástico del tema del cuadro. Si bien reconoce que algunos artistas componen en círculos, elipses o polígonos para saltar este problema, el marco regular sigue cortando la composición. Como alternativa, propone hacer jugar al borde de la tela un papel activo en la creación plástica: romper con el concepto del marco rectangular y dejar librado al artista la forma del marco. Esta idea, que Nelly Perazzo señala como una de las principales novedades de este movimiento,[150] sería más tarde una de las causales aparentes de la primera fracción entre estos artistas.

En sus memorias, Juan Melé[151] señala algunas contradicciones entre la gráfica y el contenido de *Arturo*, que es interesante destacar. Tanto la tapa como la contratapa de la revista estaban cubiertas por una xilografía automatista en color rojo, lo cual, para Melé, constituye una contradicción con el espíritu de la publicación, e inclusive, con la obra de Maldonado. Según cuenta –y a su vez le refirió

---

[150] Perazzo, Nelly, *El arte...*, ob. cit., p. 56.
[151] Melé, Juan N., *La vanguardia del 40. Memorias de un artista concreto*, Buenos Aires, Ediciones Cinco, 1999, pp. 70-74.

Lidy Prati–, Maldonado solicitó el consejo de Berni acerca de cómo diseñar la tapa de la revista, y éste le recomendó el sistema de la xilografía. También marca Melé la existencia de dibujos y viñetas de Maldonado y Prati, que a pesar de ser hermosos dibujos abstractos no dejaban de ser automáticos.

Asimismo, Melé lamenta la no publicación en la revista de dibujos de Arden Quin o Kosice, en especial de marco recortado y sí dibujos automatistas y simbolistas. La causa, conjetura, es que quizá no se disponía de obras adecuadas de ese tipo para reproducir.

Aproximadamente un año después de la aparición de *Arturo*, en abril de 1945, se publica un reportaje a Maldonado, en el marco de una encuesta de la revista *Contrapunto*[152] sobre el futuro de la pintura. Allí se le pregunta sobre el provenir material –en el sentido de difusión, apogeo social– de la pintura, y el artista responde: "Creo que la pintura será, en el porvenir, anónima y práctica, creadora de todo para todos. Nadie dejará de participar en la invención de la Belleza: nuevos materiales (plásticos y constructivos) y nuevos modos de percibir el espacio y el tiempo ampliarán hasta lo inimaginable el número de géneros artísticos y, por ende, las posibilidades creadoras de todos los seres humanos".

Además de lo anticipatorio de las palabras de Maldonado en relación con la evolución del arte en la segunda mitad del siglo XX, existe una unidad de ideas no sólo con algunas de las vanguardias, sino también con todo el debate que hemos expuesto. Las mismas preocupaciones en cuanto a la creación colectiva y el sentido práctico del arte, una nueva percepción del espacio y el tiempo, y la relación entre los nuevos materiales y su aplicación para ampliar el mundo del arte.

---

[152] Maldonado, Tomás, *Escritos...*, ob. cit., pp. 35-36.

El 8 de octubre de 1945, se realiza una exposición en la casa del Dr. Enrique Pichón Rivière, bajo el nombre de *Art Concret Invention*. Según describe Nelly Perazzo, el texto de la invitación era: "Teoría, propósitos, música, pintura, escultura y poemas concreto-elementales. Ramón Melgar, Juan C. Paz, Rhod Rothfuss, Esteban Eitler, Gyula Kosice, Valdo Wellington y Arden Quin". Obsérvese que no participan artistas como Maldonado, Bayley, Hlito o los hermanos Lozza.

Posteriormente, el 2 de diciembre, se organiza otra exposición en la casa de la fotógrafa Grete Stern, con el nombre de *Movimiento de Arte Concreto-Invención*. Refiere Perazzo que fue fotografiado el grupo asistente, en el cual se encontraban Hlito y Raúl Lozza, aunque éstos no expusieron, producto de diferencias teóricas y personales que habían precipitado a que, en noviembre de 1945, Tomás Maldonado impulsara la fundación de la *Asociación Arte Concreto-Invención*. En una carta de Maldonado, que cita Perazzo,[153] posterior a los hechos mencionados, el artista confirma que la escisión del grupo originario se había producido antes de la muestra en casa de Pichón Rivière.

Independientemente del tema de las fechas, ¿cuáles serían las causas que dan origen a la división del grupo? El primer dato para analizar es el de los nombres. Se puede observar que, dejando a un lado el tema de la expresión en inglés o castellano, las dos exposiciones, tanto del movimiento como de la asociación, contienen las palabras *Arte Concreto-Invención*. Si se les otorga el valor que corresponde a las palabras, se puede decir que, por lo menos hasta ese momento, no hay diferencias en cuanto al encuadramiento en una determinada forma de arte pictórico.

Gyula Kosice, que aparece como el referente de uno de los grupos, que adoptará luego el nombre de Madí,

---

[153] Perazzo, Nelly, *El arte…*, ob. cit., p. 62.

recuerda esta situación en una entrevista que le realizó en 2004 Rafael Cippolini, con motivo del número especial que dedicó al artista la revista *Ramona*.[154] Allí sostiene Kosice que la escisión se da por una doble razón. Por una parte, por una reacción ante el marco irregular, y por la otra, por la existencia de manipulación por parte de Maldonado: "No podía dejar de manipular, de intrigar con sus estrategias".

En relación con el tema del marco, lo atribuye a la influencia de Max Bill sobre Maldonado, quien no tenía relevancia para los que formaron Madí; aunque reconoce que algunos artistas lo siguieron utilizando dentro del arte concreto, como el caso de Melé. Este último recuerda que existía una diferencia de criterios entre Arden Quin y Maldonado, ya que el primero no estaba de acuerdo con el ortogonalismo ni sus conceptos de composición, lo cual señala como el primer síntoma de diferencias, aunque después alude al personalismo como causa de la división del grupo inicial.[155]

Entre las razones estéticas, Melé alude a que mientras que los miembros de la Asociación Arte Concreto-Invención fueron separando en el espacio las formas geométricas, dando lugar al *coplanar*, los de Madí separan los planos articulándolos, dando lugar a lo que denominan *pintura movible*.

Otra de las diferencias entre ambos grupos se relaciona con la acepción de los términos *invención* y *creación*. En el Manifiesto Madí, publicado como redactado por Kosice –aunque Arden Quin también se atribuye la autoría–, en 1947, se plantea que si no hay una descripción de la totalidad de la organización, no se puede "construir el objeto

---

[154] "Hidraulizar tu mente", *Revista Ramona*, "Homenaje a Gyula Kosice", núm. 43-44, Buenos Aires, agosto-septiembre de 2004, p. 136.
[155] Melé, Juan N., *La vanguardia...*, ob. cit., pp. 74-75.

ni hacerlo penetrar en el orden constante de la creación".[156] Por lo tanto, el concepto de *invención* se define en el campo de la técnica y el de *creación* como una esencia definida totalmente. La invención se propone como un método interno, superable, mientras que la creación, como una totalidad incambiable.

Posteriormente, en la entrevista mencionada del 2004, Kosice da una explicación de la diferencia entre los dos términos, y dice que, por ejemplo, el hombre inventó la rueda, se puede desplazar con ella, y luego la rueda fue mejorada, se le encontraron otras aplicaciones, porque la invención siempre es mejorada por investigadores y científicos. Pero la verdadera creación es intocable, es absoluta por sí misma, no se puede mejorar, como el caso de *La Gioconda*.

Lo que aparece en este planteo es el concepto de *aura*, desarrollado por Benjamin,[157] quien sostiene que en la mejor reproducción, falta el aquí y ahora de la obra de arte, que es su existencia irrepetible en el lugar en que se encuentra; pues el aquí y ahora de un original constituye el concepto de autenticidad. Para este autor: "La autenticidad de una cosa es la cifra de todo lo que desde el origen puede transmitirse en ella desde su duración material hasta su testificación histórica". Cuando sucede la reproductibilidad técnica de la obra de arte, se atrofia su aura, su condición de obra única e irrepetible.

La operación de Kosice pasaría por separar el hecho tecnológico, el concepto de invención de un bien, del hecho artístico, en cuanto a la característica de obra única de la pintura original. El Manifiesto Madí, a pesar de reconocer al arte concreto su carácter de gajo más joven del espíritu abstraccionista, lo critica por caer en insalvables

---

[156] "Manifiesto Madí", *Revista Ramona*, "Homenaje...", ob. cit., pp. 12-13.
[157] Benjamin, Walter, *La obra de arte...*, ob. cit., pp. 20-23.

contradicciones, entre las cuales destaca la superposición, el marco rectangular, lo estático, la interferencia entre volumen y ámbito, el atematismo plástico.

También aparece en este Manifiesto una referencia a situarse junto a la humanidad en la lucha por una nueva sociedad sin clases, que pueda liberar la energía y "dominar el espacio y el tiempo en todos sus sentidos y la materia hasta sus últimas consecuencias".[158] No sería tampoco la posición política, por lo menos hasta ese momento, motivo de diferencias, pues se seguirían compartiendo similares preocupaciones en ese aspecto.

¿Cómo describe Raúl Lozza, desde la posición opuesta, esta ruptura en el tronco común del arte concreto? "Discutíamos mucho, la gente que luego armó el Grupo Madí venía del arte gótico y el expresionismo alemán, ellos se quedaron con el marco irregular para los cuadros y poco más. Yo venía del cubismo, sentía que era necesario cambiar todo, terminar con el sistema tradicional de colores, aceptar la bidimensionalidad de la pintura, renunciar a toda forma de ilusionismo".[159]

Observando pinturas de los dos grupos de 1945 y 1946, aparecen ideas en común en su trabajo. En el caso de Tomás Maldonado, su obra *Construcción*,[160] de 1945, posee marco irregular, igual que las obras *Nº 27/2* y *Nº 132*[161] de Raúl Lozza, de 1945 y 1947 respectivamente.

Si se considera *Relieve vertical*, de 1947, de Juan P. Delmonte, o *Pintura Madí*, de 1947, de Alejandro Havas[162] –

---

[158] "Manifiesto Madí", *Revista Ramona*, "Homenaje...", ob. cit., pp. 12-13.
[159] Pogoriles, Eduardo, "Casi un siglo de Raúl Lozza, el artista que pelea contra la tiranía del tiempo", diario *Clarín*, Buenos Aires, 24 de diciembre de 2005.
[160] Reproducida en: Maldonado, Tomás, *Escritos*..., ob. cit., lámina IX.
[161] Expuestas en diciembre de 2005 el Centro Cultural de la Cooperación y reproducidas en el catálogo de la muestra.
[162] Expuestas en agosto-septiembre de 2006 en la Fundación Federico Jorge Klemm y reproducidas en el catálogo de la muestra.

ambos del grupo Madí-, también de marco irregular, se trata de obras de clara construcción geométrica. Evidentemente, aun en el momento de la escisión, o muy cerca en el tiempo, como el caso de las dos últimas citadas, conservan estos grupos el claro origen común en el arte concreto, aun cuando las distintas búsquedas estéticas provocarían la acción de emprender distintos caminos y, a su vez, nuevas divisiones en ambos grupos.

Dos meses antes de la fundación de la Asociación Arte Concreto-Invención, el 19 de septiembre de 1945, se publica una noticia en *Orientación*, el órgano oficial del Partido Comunista Argentino,[163] donde un grupo de artistas adhiere a este partido. Ellos son: Edgar Bayley, Manuel Espinosa, Claudio Girola, Alfredo Hlito, Tomás Maldonado y Aldo Prior; Raúl Lozza ya era afiliado desde 1933. En un pequeño recuadro, donde los artistas declaran el porqué de este paso colectivo, se puede leer, entre otras causas invocadas: "Porque el P. Comunista afirma la fraternidad y el júbilo creador, amplía y densifica el espíritu, ensancha al infinito sus posibilidades inventivas y prefigura nuevas formas de sensibilidad y de vida".

Este hecho no puede ser analizado al margen de las preocupaciones y el camino artístico emprendido por este grupo de pintores, sino que debe ser visto como parte de sus búsquedas de un nuevo horizonte para el arte, continuando una senda que, como hemos expuesto, puede rastrear sus antecedentes en las vanguardias rusas, y en especial, en el productivismo. No se debe olvidar que este movimiento político lo emprenden al finalizar la Segunda Guerra Mundial, en un mundo que avanzaba de manera acelerada hacia la bipolaridad, con el socialismo como alternativa luminosa a la alienación, la explotación y la

---

[163] "Artista (sic) adhieren al comunismo", *Orientación*, órgano oficial del PC, año X, segunda época, núm. 304, p. 7.

guerra que producía el capitalismo. La actitud de estos concretos también debe ser vista como parte de ese hilo intelectual que los unía a las vanguardias, esencialmente constructivistas y productivistas.

El 20 de febrero de 1946, Bayley publica un artículo teórico en el periódico *Orientación*,[164] donde desarrolla sus ideas acerca de por qué el arte concreto es realista, así como también explica las relaciones existentes entre el progreso científico-técnico, las nuevas necesidades del arte y el papel de éste en la construcción de una nueva sociedad. Señala en el artículo que el estilo artístico estuvo relacionado en todas las épocas con la organización de las fuerzas productivas, y por lo tanto, una transformación hacia una nueva sociedad socialista habrá de requerir un arte acorde con la nueva vida material que se inicia. En este planteo, surge claramente su ligazón intelectual con las vanguardias rusas y, por otra parte, la tecnología en la plataforma del arte concreto.

También sostiene que el arte moderno, a través de las únicas manifestaciones que le son propias –el arte abstracto y el concreto–, se caracterizó por participar en el mundo, pero no a través de la copia, sino de la invención, una invención que lo lleva a la creación de nuevos objetos. Finalmente, define al arte concreto como una contribución a la liberación del hombre, que trabaja contra la ficción a partir del acto inventivo.

También Maldonado tiene participación, aunque de otro tenor, en el periódico partidario; a nivel plástico realizando dos fotomontajes, y a nivel teórico, con la publicación de dos artículos, uno en 1946 y otro en 1947, centrados en el debate que se estaba dando en la Unión Soviética en torno a la figura de Picasso.

---

[164] Bayley, E., "Sobre el arte concreto", *Orientación*, órgano oficial del PC, año X, segunda época, núm. 327, p. 9.

El primer fotomontaje es del 6 de noviembre de 1946, en el número extraordinario dedicado a la revolución rusa, como parte del artículo "La Unión Soviética, líder de la paz", escrito por Rodolfo Ghioldi; consta de fotos de hombres, mujeres y niños, sonriendo y marchando con banderas. El segundo es del 8 de enero de 1947, ilustrando el artículo "Tres problemas de la vida partidaria" de Juan José Real, donde aparecen las fotos de los máximos dirigentes del Partido junto a fotos de asistentes a un acto, apelando en el fotomontaje al recurso del marco recortado.

No obstante hay que marcar que, a excepción del artículo de Bayley, y aun considerando esta participación de Maldonado, como plantean Ana Longoni y Daniela Lucena,[165] no aparece ni en la gráfica ni en los textos sobre arte del partido una expresión clara del programa de los concretos.

Inclusive, estas investigadoras señalan que artistas concretos como Molenberg y Núñez –que no estaban afiliados pero colaboraban con el Partido– habían publicado en 1944 ilustraciones en *Orientación*, pero que eran figurativas, ya que acompañaban artículos de dirigentes del Partido. También mencionan, en el recuerdo de Molenberg, el hecho de que a Maldonado se le encomendó un mural de un retrato figurativo de Ghioldi –de 4 ó 5 metros de altura– para un acto en el Luna Park, obra que menciona como magníficamente realizada, pero también como una de sus últimas concesiones al partido. Es evidente que a pesar de las coincidencias en el camino teórico recorrido que hemos venido señalando, los concretos no lograban

---

[165] Longoni, Ana y Lucena, Daniela, "De cómo el 'júbilo creador' se trastocó en 'desfachatez'. El pasaje de Maldonado y los concretos por el Partido Comunista. 1945-1948, *Políticas de la Memoria*, Anuario de Investigación e Información del CEDINCI, Buenos Aires, CEDINCI, verano de 2003-2004, pp. 117-128.

imponer su programa estético al Partido Comunista, en el cual convivían con artistas figurativos.

Esta situación tiene su lógica si se analiza la participación de los concretos a la luz de las "directivas" del PCUS sobre el realismo socialista, y a su vez, de los debates que se daban dentro de los artistas que pertenecían al Partido pero adscribían a distintas corrientes, como es el caso de Berni y Maldonado.

Héctor Agosti, uno de los principales intelectuales del Partido Comunista Argentino, pronuncia una conferencia en la Facultad de Arquitectura de Montevideo el 1º de diciembre de 1944, titulada "Defensa del Realismo", que representa lo que sería la posición oficial del Partido y explica el fracaso de la imposición del programa estético de los concretos. Agosti ataca al naturalismo chato y sin alma que había provocado la revolución óptica entrevista por Cézanne y Van Gogh, y las búsquedas de los cubistas, futuristas y surrealistas;[166] pero también ataca al subjetivismo a que habían dado origen estos últimos, que abominaba de la realidad[167] y convertía al artista en supremo demiurgo de los objetos, nacidos en él antes de existir materialmente.

Reconoce la necesidad de los artistas de protestar frente a un "mundo corrompido por la chata prosperidad finisecular de la gran industria",[168] y ve en la rebelión de los artistas un afán de libertad a partir de una ruptura absoluta con el pasado. Propone para encauzar esta rebelión un nuevo realismo, al que llamará *dinámico*, que supone que los sucesos del contexto ejercen una acción sobre el artista, y éste traslada a su vez la reacción de su conciencia

---

[166] Queda preguntarse por qué un intelectual orgánico del Partido no cita las experiencias de los constructivistas y productivistas; justamente las que habían revolucionado el arte ruso y el soviético.
[167] Agosti, Héctor P., *Defensa del Realismo*, Buenos Aires, Editorial Lautaro, 1962, p. 14.
[168] Agosti, Héctor P., *Defensa...*, ob. cit., p. 15.

sobre la realidad exterior que lo estimula en consonancia con las ideas de su tiempo.

Reconoce que, por ejemplo, los cubistas advirtieron que el nuevo contenido emocional del mundo no podía ser alojado en viejas formas de expresión, pero los acusa de adoptar un aire de fuga. Por eso el realismo dinámico aspira a colocarse entre el objetivismo cerrado y el subjetivismo orgulloso, para fundirlos en una nueva categoría estética que a ambos los herede y los conjugue.

Estos planteos teóricos se encontraban en contradicción con los de los concretos; ambos coincidían en su diagnóstico –vinculado a la transformación operada en la sociedad por la tecnología y su consecuencia, la industria–, pero había un abismo entre una y otra propuesta para construir un camino nuevo para el arte pictórico.

El 18 de marzo de 1946, la Asociación Arte Concreto-Invención realiza su primera exposición en el Salón Peuser, así como la publicación del Manifiesto Invencionista. Según Nelly Perazzo,[169] participan en la exposición los siguientes artistas: Edgar Bayley, Antonio Caraduje, Simón Contreras, Manuel Espinosa, Claudio Girola, Alfredo Hlito, Enio Iommi, Rafael Lozza, Raúl Lozza, Tomás Maldonado, Alberto Molenberg, Primaldo Mónaco, Oscar Núñez, Lidy Prati y Jorge Souza.

El Manifiesto[170] retoma y reafirma los planteos de la revista *Arturo*, del artículo de Bayley en *Orientación* y de las declaraciones de Maldonado y otros artistas. Afirma que el hombre progresa en su integración con el mundo y, por lo tanto, se vuelve insensible a las imágenes ilusorias. De esta manera, se está proponiendo la integración del arte con la realidad. Su planteo es que se clausura la prehistoria

---

[169] Perazzo, Nelly, *El arte...*, ob. cit., p. 65.
[170] "Manifiesto Invencionista", en Maldonado, Tomás, *Escritos...*, ob. cit., pp. 39-40.

del espíritu humano; la estética científica reemplazará, entonces, a la estética idealista; se impondrá la física de la belleza.

Por otra parte, sostiene que sólo un malentendido permitió llamar "abstractas" a las experiencias estéticas no representativas, pues éstas marchan en un sentido opuesto a la abstracción. La batalla del arte llamado abstracto es, en el fondo, la batalla por la invención concreta. También vuelve a cargar el Manifiesto contra el arte de elites con su propuesta por un arte colectivo.

Esta intersección entre obra de arte, invención, realidad objetiva y la tecnología como catalizador de todo el proceso, retomada de los planteos de la Bauhaus y del constructivismo y productivismo, será profundizada por Maldonado en el primer número de la revista de la Asociación. Pero en este debate sobre los nuevos caminos del arte pictórico o –casi diríamos– de las obras de arte, no podemos olvidar que los concretos no estaban solos, sino que los acompañaba el que denominamos "clima intelectual de la época".

En este año de 1946, se publica en Buenos Aires el llamado Manifiesto Blanco por parte de los alumnos de Lucio Fontana de la Escuela de Arte Altamira. En realidad, el autor del Manifiesto era el propio Lucio Fontana, aunque lo firmaron diez de sus alumnos. Cuenta Juan Forn[171] que fue en la casa de Raúl Lozza, en la calle Cangallo, sede de discusiones estéticas, donde Fontana dio a conocer su Manifiesto.

Las cuestiones planteadas por Fontana están íntimamente relacionadas con las preguntas y preocupaciones expuestas no sólo en nuestro país por los concretos, sino también –como hemos expresado– por todos aquellos

---

[171] Forn, Juan, "El dilema del marco irregular", *Pintura argentina. Panorama del período 1810-2000*, vol. 20, *Abstracción I*, Buenos Aires, Ediciones Banco Velox, noviembre de 2001, p. 17.

artistas que buscaban nuevas formas de expresión frente a una sociedad que se transformaba de un modo acelerado.

El Manifiesto Blanco parte de la base de que el materialismo se ha establecido en las conciencias, y exige, por lo tanto, un arte alejado de la representación, la cual constituye una farsa. Como las cosas surgen por necesidad y son valor de la época, a medida que se transforman los medios materiales cambian los estados psíquicos del ser humano, a la vez que los hallazgos de la ciencia –el dominio sobre la materia y el espacio– precipitan una nueva organización de la vida, pues sostiene que "vivimos en la edad de la mecánica".[172] Y retoma el lenguaje de la tecnología cuando dice que el conocimiento experimental –parte constitutiva de la invención, decimos nosotros– reemplaza al conocimiento imaginativo.

Describe la época como el fin de una manera de ver el arte y su reemplazo por una nueva forma de arte que incluya nuevos materiales técnicos, así como el desarrollo de un arte basado en la unidad del tiempo y del espacio. Comparando lo expuesto en este manifiesto con lo que sostenía Maldonado en el reportaje de la revista *Contrapunto*, citado en este trabajo, se observan los puntos de contacto de ambas posiciones en sus planteos sobre la sociedad en la que actuaban y la necesidad de encontrar nuevos caminos para el arte. La aplicación de nuevos materiales surgidos del mundo de la producción, así como el impacto del tema del tiempo y el espacio, están en la base de sus búsquedas.

Decimos que compartían un clima intelectual, similares inquietudes frente al contexto social, pero eso no implica acuerdos en su manera de ver los problemas del arte y sus caminos alternativos. De hecho, según refiere Maldonado

---

[172] "Manifiesto Blanco", opúsculo publicado por los alumnos de Lucio Fontana en la Escuela de Arte Altamira, Buenos Aires, 1946. Disponible en línea: www.buenosaires.gov.ar/areas/cultura/arteargentino

en un reportaje que le realizaron en 1989[173] –del que se han citado algunos conceptos en este trabajo–, Fontana representaba para los concretos una tendencia conservadora o, al menos, no de vanguardia en el arte argentino. ¿Qué le reprochaban? Que mientras que había militado con los abstractos en Europa en la década de 1930, se dedicaba durante los años cuarenta a la construcción de esculturas figurativas de acuerdo al gusto de la burguesía argentina.

Cuando el periodista le pregunta sobre las ideas desarrolladas en el Manifiesto Blanco, Maldonado sostiene que el espacialismo expuesto por Fontana en el manifiesto estaba en contradicción con su praxis. Pero desde nuestro análisis, independientemente de sus enfrentamientos del momento y de las derivas posteriores de muchos de estos artistas, creemos que compartían la búsqueda de una salida para el arte frente a una sociedad que se estaba transformando al compás de la tecnología y su impacto en la producción de bienes y servicios.

En agosto de 1946, la Asociación Arte Concreto-Invención publica el primer número de la *Revista Arte Concreto Invención*, de la cual se lanzaría un segundo número en diciembre de 1946 con el nombre de *Boletín de la Asociación Arte Concreto Invención*.

En aquel primer número, Maldonado publica un artículo titulado "Lo abstracto y lo concreto en el arte moderno", en el cual expone el agotamiento del arte representativo en ese momento histórico, así como las falencias de los sucesivos artistas de vanguardia que buscaban un nuevo camino para el arte pictórico. El artículo se inicia con una idea que resuena a lo largo de este trabajo, que es la imposibilidad de analizar los problemas de la pintura al margen del problema práctico que implica la percepción del tiempo y del espacio, pues la pintura que él denomina

---

[173] Maldonado, Tomás, *Escritos...*, ob. cit., pp. 117-127.

del pasado realizaba simulacros de formas y espacios en una superficie de dos dimensiones.

Posteriormente, refiere cómo después de los cubistas y futuristas, y agotadas todas las formas de representación, surgía para los artistas la necesidad de concretar el espacio, el tiempo y el movimiento, considerando Maldonado que mientras haya una figura sobre un fondo, habrá representación. Es entonces cuando aparece la solución tonal de Malevich, que Maldonado analiza como un paso en la búsqueda de resolver el problema del espacio y del tiempo.

El siguiente paso es la estética realista constructiva de Tatlin, Rodchenko o Lissitzki, nacida cuando se había vivido la Revolución de Octubre, y que planteaba, como hemos visto ya en este trabajo, que las bases del arte deben reposar sobre la vida real. Pero para Maldonado, tropezaban con un inconveniente: el problema del plano y la ausencia de un método de composición espacial.

Luego de analizar los aportes de Péri, Max Bill, Molholy-Nagy y otros, a los que juzga insuficientes, expone el camino seguido por los concretos en la Argentina para encarar el espacio y el movimiento desde un punto de vista concreto. Aclarando que han trabajado equipados teóricamente con el materialismo dialéctico, el cual plantea como filosofía viva de Marx, Engels, Lenin y Stalin,[174] describe la solución a la que han arribado, la cual consiste en abolir el cuadro

---

[174] La mención a Stalin como parte del soporte teórico de los concretos debe interpretarse en el momento histórico en que Maldonado escribe. Acababa de finalizar la Segunda Guerra Mundial y la URSS formaba parte de los países triunfadores, con lo cual se lo vivía como una posibilidad de futuro socialista por parte de los militantes por una nueva sociedad. Los años posteriores irían revelando el papel del estalinismo en la liquidación de la experiencia socialista y en la represión del pueblo soviético, así como el consecuente dogmatismo al que conduciría a la producción teórica marxista, lo cual era incompatible con los planteos no sólo de los concretos, sino también de cualquier nuevo camino de desarrollo para el arte.

como *organismo continente*, o sea, separar en el espacio los elementos que constituyen el cuadro sin abandonar su disposición coplanaria.

Este trabajo representa, a nuestro criterio, un momento destacado en el proceso expuesto durante los capítulos tres y cuatro, en cuanto a la interacción entre los cambios tecnológicos producidos en la dimensión económico-social, sus influencias en el mundo psíquico –y por lo tanto, en la sensibilidad de los individuos frente a los hechos estéticos–, la necesidad de los artistas de expresar este contexto y, de manera complementaria, la vinculación de estos cambios con los que se estaban produciendo en la esfera de la lucha política.

En 1948, Maldonado viaja a Europa y toma contacto con los artistas que estaban trabajando en los límites del arte concreto. En ese momento, escribe un trabajo que es una continuación de sus preocupaciones acerca del camino que debía encarar el concretismo, que muchos años después es redescubierto casi fortuitamente por el historiador del arte Mario Gradowczyk y publicado por primera vez en el año 2003, en Buenos Aires, por la revista *Ramona*.[175]

En la presentación del ensayo, Gradowczyk sostiene que Maldonado analizó en el trabajo un problema fundamental del arte concreto, que era la relación entre la figura y el fondo. Ya hemos visto que la preocupación de los concretos estaba en que al poner la figura sobre el fondo se creaba la ilusión de espacio, y la solución propuesta era abolir el organismo continente, lo que evidentemente no alcanzaba, por lo menos para este artista. En la misma presentación, Gradowczyk cita palabras de Maldonado ante la reaparición de su ensayo, donde plantea que, en

---

[175] Maldonado, Tomás, "El arte concreto y el problema de lo ilimitado. Notas para un estudio teórico. Zurich 1948", *Revista Ramona*, edición especial, Buenos Aires, marzo de 2003.

dicho ensayo, él se situaba en la tradición constructivista y neoplasticista, si bien para sostener que es la última vez que lo hacía para teorizar en tono apocalíptico y normativo.

En el ensayo, el tema central es cómo destruir el espacio ilusorio, citando el esfuerzo de los concretos argentinos de 1946 en el sentido de objetivar las figuras en el espacio. Pero no queda conforme con aquella solución, ya que la disolución del fondo exalta en forma desmedida a la figura. Luego de analizar las distintas soluciones que habían propuesto suprematistas o neoplasticistas, llega a la conclusión de que la salida era valorizar el fondo como plástica absoluta. Sin embargo, el problema es que hay que conquistar lo ilimitado, aunque no se puede hacer en una superficie de un área limitada. Esta contradicción la ve como un divorcio entre la estructura plástica y el soporte material. Como conclusión, propone llevar adelante la lucha contra lo limitado en el ámbito libre del espacio, para conquistar una nueva expresión estética espacial.

Los sucesivos planteos de Maldonado –así como los de Bayley y otros artistas– nos llevan a pensar que nuestros concretos no se limitaron simplemente a seguir una corriente de pensamiento y práctica estética desarrollada en Europa, ni tampoco se propusieron una simple adaptación a nuestra realidad de los marcos teóricos recibidos. Más bien, trabajaron para construir su propia teoría, que sin dejar de reconocer sus influencias, había logrado emprender un camino independiente, si es que esta última palabra puede considerarse en forma absoluta en el terreno de la estética.

Alfredo Hlito es otro de los artistas de este grupo que realizó un importante aporte a la reflexión teórica. En un artículo publicado en 1946, en la revista *Arte Concreto*, titulado "Representación e invención",[176] expresaba sus ideas en forma admirable por lo conciso y a la vez profundo de sus planteos, en línea con lo expuesto en ese momento por Maldonado y otros artistas concretos.

Critica la representación por ser la expresión artística de la alienación del ser humano, idea que refleja la influencia del pensamiento marxista en sus planteos, ya que son las posiciones de Marx las que utiliza como plataforma para la construcción de su base teórica. Parte en este artículo de la lucha de clases para analizar la evolución del arte. Así sostiene que las formas históricas de la alienación –*religión, Estado, clase*– utilizaron el arte representativo para disolver en el hombre sus energías sociales.

Su pensamiento, en cuanto a la relación entre la dimensión de la estética, de la lucha política y de la tecnología, se resume cuando sostenía que "un marxista no puede asombrarse de que nuestro arte sea abstracto y concreto a la vez. Las teorías más abstractas de la física y de las matemáticas destruyeron Hiroshima, y de ser desbaratadas las maniobras de las fuerzas reaccionarias, esas mismas teorías servirán de base a una nueva era de la historia técnica de la humanidad".[177]

Es el desarrollo del marco teórico expuesto lo que le permitirá dar el salto hacia la base del arte concreto: la invención. Concepto que define como "introducir en el mundo por obra del experimento y la industria lo que no existía hasta ese momento".[178] Finaliza su artículo sosteniendo que el arte concreto no cierra la historia del arte, pero que

---

[176] Hlito, Alfredo, *Escritos sobre arte*, Buenos Aires, Academia Nacional de Bellas Artes, 1995, pp. 13-17. El artículo figura como publicado originalmente en la revista *Arte Concreto*, aunque entendemos se refiere a *Arte Concreto Invención*, que era el nombre completo de la revista.
[177] Hlito, Alfredo, *Escritos...*, ob. cit., p. 15.
[178] Hlito, Alfredo, *Escritos...*, ob. cit., p. 16.

si el arte progresa como lo hacen las sociedades humanas, el único camino posible de progreso es el invencionismo.

Además de expresar este artículo, en forma brillante, una síntesis de los principales problemas del arte concreto y su relación con la historia del arte, pensamos que expone con claridad las posiciones y preocupaciones de este artista en ese momento histórico sobre las relaciones entre el papel de la tecnología (aunque Hlito emplea la palabra *técnica*), los cambios económicos que ésta produce (evidentemente para Hlito *invención* rima con *producción*), la interacción entre tecnología y cambio social (de acuerdo con el planteo marxista acerca de la apropiación de la tecnología) y la necesidad de expresión en el plano estético de estas complejas interacciones.

Durante 1946 y 1947, los artistas concretos desplegaron una intensa actividad, que podemos denominar "militante" tanto a nivel teórico como de exposiciones, al efecto de difundir e imponer sus ideas en una sociedad donde el arte no figurativo, al decir de Nelly Perazzo, estaba librando sus primeras batallas.

Queremos destacar lo expuesto en el catálogo de la exposición en la S.A.A.P., en octubre de 1946, que inician con estas palabras: "El arte Concreto constituye la culminación de un proceso estético, iniciado en la segunda mitad del siglo anterior, bajo las influencias de las nuevas condiciones sociales y técnicas determinadas por la Revolución Industrial".[179] Son los mismos artistas concretos quienes se ven como herederos de un largo proceso, que tiene su génesis en el mundo de la máquina y su impacto sobre la

---

[179] "Exposición Arte Concreto Invención", S.A.A.P, Galería de los artistas, Buenos Aires, octubre de 1946. Reproducido por: Melé, Juan N., *La vanguardia del 40. Memorias de un artista concreto*, Buenos Aires, Ediciones Cinco, 1999, pp. 210-211.

producción de bienes, que impulsa la Revolución Industrial y pone en crisis los paradigmas estéticos vigentes.

A fines de 1946, un grupo liderado por Raúl Lozza e integrado por sus hermanos y por Alberto Molenberg decide separarse del núcleo de los artistas concretos y funda lo que denomina el *perceptismo*, término que Lozza considera transitorio y que en realidad es sinónimo de pintura concreta.[180] Unos años después, entre octubre de 1950 y julio de 1953, este grupo publica siete números de una revista denominada *Perceptismo*, con una leyenda en su tapa que decía "Teórico y Polémico" y que, en el último número, agregaba: "La vanguardia del arte concreto". Esto ponía de manifiesto que el objetivo de este grupo no era abandonar el arte concreto, como sí había ocurrido en el devenir del grupo Madí, sino profundizar en esta línea de pensamiento estético.

Si bien los textos de la revista no aparecen firmados, a excepción de una nota en el número seis, Raúl Lozza declara que los que escribían eran Abraham Haber, su hermano Rembrandt y él.[181] Ya desde el primer número, marca las diferencias con otros pintores concretos cuando plantea que muchos de ellos se han adaptado al "buen gusto", afirmando un nuevo idealismo en el arte. Frente a esta situación, es el perceptismo el movimiento que ha alcanzado la máxima relación entre la teoría objetiva y la práctica. Hay que hacer notar que la objetividad se constituye nuevamente –ya estaba presente en los planteos originales de Maldonado y Hlito– en la base del pensamiento de estas nuevas formas artísticas.

En el editorial del número 3, sostiene que la conciencia artística que postula el perceptismo se cumple en la libertad

---

[180] Lozza, Raúl, *La pintura como mentira y otras editoriales en perceptismo*, selecciones de Amadeo Mandarino, Buenos Aires, 2002.
[181] Lozza, Raúl., *La pintura...*, ob. cit., p. 39.

para una finalidad objetiva de la pintura, para luego declarar: "Creemos que en el arte, como en la ciencia, *no ha de haber libertad sino para afirmar una realidad*".[182] Y en el número 5, profundiza sobre el tema de la realidad y la objetividad en el arte cuando sostiene que en el perceptismo no hay deformación, pues se trata de una forma inventada y, entonces, no parte de ningún original para deformar, como sí sucedía en el arte representativo.

Asimismo, su planteo es que el perceptismo elimina el tema en la pintura ofreciendo a quien observa los valores plásticos, evitando que el espectador profano se pierda en la anécdota representativa.[183] Una ajustada síntesis de las propuestas estéticas de Lozza y –podemos inferir– de los que conformaban el grupo inicial del perceptismo es la que expone como resumen acerca de la que denomina su teoría estructural del color, donde plantea ubicar a éste "en el ámbito de la categoría de un uso específico que hace a la unidad y a la realidad de un objeto concreto y sin contradicciones con el contexto físico en el cual el destinatario de un producto determinado vive y actúa".[184]

No caben dudas acerca de las influencias de todo el pensamiento de vanguardia que hemos ido desarrollando en este trabajo sobre las ideas de Lozza, lo que no implica decir que no se haya dado esta influencia sobre todos los concretos. Su posición desde el perceptismo, que aspira no sólo a continuar sino también a buscar una salida en el sentido del progreso al arte concreto, es hacer centro en la objetividad del arte, en que éste refleje la materialidad del mundo real, que forme parte de este mundo.

---

[182] Lozza, Raúl, *La pintura...*, ob. cit., p. 15. Destacado del original.
[183] Lozza, Raúl, *La pintura...*, ob. cit., pp. 20-21.
[184] Lozza, Raúl, *Ensayo de apertura hacia mi teoría estructural del color*, selecciones de Amadeo Mandarino, Buenos Aires, 2003.

Se trata de un arte vinculado a un cambio de sensibilidad que se estaba produciendo en la sociedad, como producto del desarrollo del capitalismo y el papel que en él desempeñaba la tecnología. Pensamos que el problema al cual se enfrentaron todos estos artistas, que tanto en Europa como en nuestro país fueron construyendo las denominadas vanguardias estéticas, era el cambio que se producía en la sensibilidad de los individuos y, por lo tanto, en la suya propia, como resultado del impacto de la tecnología y de su aplicación en la línea de producción a partir de la creación de un nuevo mundo de objetos, que, a su vez, impulsaban nuevas experiencias de vida, entre ellas, las estéticas.

Un automotor, una heladera o un jabón de tocador son productos, y como tales, concretos en el sentido de su tangibilidad, resultado de un mundo material que irrumpía en la esfera de las personas modificando su relación con el contexto. Mientras que la pintura era una ilusión, en tanto que mostraba en dos dimensiones lo que sucedía en tres, los objetos resultantes de la línea de montaje eran reales, en el sentido que formaban parte del mundo táctil.

Este es el marco, más allá de los caminos o las posiciones adoptadas por cada uno de los actores con posterioridad, en el cual pensamos que hay que entender a los movimientos de vanguardia, y entre ellos, a nuestros concretos. Si bien no sería adecuado sostener que la tecnología se constituye en el factor dominante e impulsor de los cambios producidos en las obras de arte pictóricas desde fines del siglo XIX hasta mediados del siglo XX, no cabe duda de que su papel en los cambios sociales y las consecuencias individuales que éstos producen generaron un espacio para el pensamiento y la acción de los artistas, que condujo a una ruptura radical en el mundo del arte.

CONCLUSIONES

En el desarrollo de este trabajo, nos hemos propuesto demostrar la íntima ligazón existente entre la técnica, la tecnología y la construcción de las obras de arte pictórico. Relación que no sólo se produce al proporcionar la técnica los métodos y las herramientas para un hacer eficaz, o la tecnología nuevos materiales y nuevos instrumentos para expresar las necesidades del artista. La tecnología también es analizada como un sistema integrado de ciencia y sistema productivo, a la vez impulsor y resultado del capitalismo, que fue modificando de manera progresiva a los seres humanos y, por lo tanto, la forma en que éstos apreciaban su entorno, se percibían a sí mismos, y como consecuencia, expresaban esta situación en la obra de arte.

No nos hemos propuesto pensar a la tecnología como una variable independiente de otras formas sociales, constituida por sí sola en el motor de los cambios socioeconómicos y culturales producidos, sobre todo, desde la Revolución Industrial. De hecho, durante todo el trabajo, se han fundamentado las vinculaciones existentes entre el desarrollo de la técnica –primero– y la tecnología –posteriormente– no sólo con la construcción de obras de arte, sino también con todo el tejido social.

En el siglo I d. C., Herón de Alejandría[185] había desarrollado un artefacto que puede considerarse máquina de vapor y turbina, denominado *eolípilo* o Globo de Eolo, así como un teatro de autómatas y otros artefactos mecánicos. Sin embargo, para los antiguos sólo se trataba de juegos,

---

[185] Matemático de Alejandría que vivió probablemente en el siglo I d. C., aunque no existen certezas en cuanto a este dato.

pues estos inventos no eran aplicados a la producción. Y una pista acerca de la causa de esta situación es lo relatado por Suetonio, cuando un ingeniero le ofreció al emperador Vespasiano un aparato que permitía transportar con poco trabajo columnas hasta la cima del Capitolio, que se estaba restaurando. El emperador premió al ingeniero pero no utilizó el artefacto, rematando su acto con las siguientes palabras: "Dejadme alimentar al pueblo modesto".[186] Más allá del hecho anecdótico, la realidad es que no existían, en esa época, necesidades en cuanto a economizar mano de obra, básicamente por la existencia de la esclavitud; o sea que no existía la necesidad productiva de impulsar la utilización de la máquina.

Este caso muestra que una determinada técnica tiene probabilidades de subsistir e impulsar cambios en el sistema productivo y en el conjunto de la sociedad, en la medida en que confluyan junto a aquella una serie de variables, que posibiliten un cambio cualitativo en la economía de producción. Se trata de situación no aislada, que vuelve a repetirse en otras oportunidades en la historia, como en el caso de los autómatas del siglo XVIII, la "maravillosa máquina autoescribiente" de Friedrich Knaus, o los inventos de Jacques de Vaucanson, entre los que se encontraban un flautista que tocaba varias melodías, un soldado que tocaba el tambor y un pato que graznaba, comía y eliminaba los excrementos.

Pero eran juegos, divertimentos, al igual que la turbina de Herón, que abría las puertas del templo. Era necesaria la confluencia de los avances técnicos, el crecimiento de la población, su traslado a las ciudades, la utilización de combustibles fósiles, los descubrimientos geográficos y otras variables, que iban a impulsar el desarrollo del capitalismo, para que la tecnología pudiera desempeñar

---

[186] Transcripto por Schuhl, Pierre-Maxime, *Maquinismo...*, ob. cit., p. 27.

su papel destacado como fuerza impulsora de un nuevo sistema económico y social.

Como hemos explicitado en el capítulo I, mientras que la técnica nace con la transformación del mono en hombre, lo cual equivale a decir que es también el momento de nacimiento del arte, la tecnología es un producto del capitalismo, donde distintas técnicas se articulan para estructurar un sistema que impulsa cambios cualitativos en la producción.

Si bien, como se ha tratado en el capítulo II, es posible identificar relaciones entre los cambios en los medios técnicos y los cambios en las obras de arte –teniendo como trasfondo las modificaciones en toda la estructura social y la necesidad de nuevas representaciones–, el capitalismo y la tecnología (como su más vital fuerza impulsora) van a modificar en forma profunda la percepción que los individuos tienen de sí y del mundo que los rodea, porque el capitalismo va a generar un nuevo mundo, tanto físico como psíquico. Y, metafóricamente, la locomotora que arrastra el tren de ese nuevo mundo es la máquina.

La máquina como invención de un nuevo contexto: el de las ciudades, el hollín, las locomotoras, la velocidad, los productos masivos, los cambios en la sociabilidad. Pero también la máquina como una recreación del pensamiento mágico, como forma de alcanzar los objetivos a través de saltos en la aplicación de la fuerza de trabajo, como modificación de la percepción del individuo sobre su capacidad de transformar el contexto de manera ilimitada. Se puede decir que la revolución que produjo la máquina integrada al sistema productivo como disparador del capitalismo, por sus implicancias sobre el entorno natural y social, es comparable –como analogía–, a la disrupción que marcó para la historia del hombre la revolución neolítica.

La industria había creado una utopía del progreso sin límites, de dominio total sobre el entorno natural, la cual era compartida por el capitalismo y por las teorías nacientes del socialismo. El nuevo entorno, de futuro progresivo pero a la vez de miseria y alienación, necesitaba desesperadamente ser expresado en el terreno del arte. Las denominadas vanguardias fueron el camino elegido por distintos grupos de artistas para representar los estados de ánimo de las sociedades de su época frente a unos cambios, que podían ser resistidos en algunos casos, pero que ya eran inevitables.

Estas vanguardias adoptaron distintas vías para interpretar su realidad y el papel en ella de la tecnología. En el caso de los dadaístas, tomando una actitud nihilista, que no sólo les llevó a combatir la tecnología como provocadora de las miserias humanas, sino también a cuestionar hasta la misma esencia del arte. El acto de Duchamp de firmar un mingitorio ponía en cuestión toda la historia del arte y –entendemos, no de casualidad– el objeto elegido para este cuestionamiento es un resultado de la producción en masa. Distinto es el caso de otras vanguardias, como los futuristas, que elevan a la tecnología y sus productos resultantes a la categoría de fuerzas totalizadoras en la transformación social, al punto de proponer el reemplazo de las obras de arte por las resultantes del proceso técnico.

No cabe duda de que, en todo caso, los artistas de vanguardia y en especial sus pintores, que forman parte de nuestro objeto de estudio, buscaban expresar una nueva sensibilidad que estaba surgiendo en las personas, en el momento de cambio del siglo XIX al XX, producto de las modificaciones de la tecnología sobre la dimensión cultural de los individuos. En ese choque entre las dos culturas –la que desaparece y la que llega de la mano del capitalismo triunfante– es que surge una nueva sensibilidad, basada en la velocidad física o en el acceso masivo a productos de consumo; pero como también sugiere Susan Sontag, en la velocidad de las imágenes, como el caso del cine o en la perspectiva pancultural del arte, gracias a la reproducción en masa de los objetos de arte.[187]

Los cubistas, así como las distintas corrientes que emprendieron su camino hacia la abstracción, son el vívido ejemplo de la necesidad de plasmar en la tela un arte que fuera representativo de la nueva sensibilidad de los individuos. Entre las distintas formas de ver el arte y sus relaciones con la tecnología, fue surgiendo toda una corriente que intentó recorrer el difícil camino de integrar la obra de arte (entendido este concepto en el sentido amplio de *techné*, donde cabe el cuadro de caballete pero también la arquitectura y el objeto de uso cotidiano) con la tecnología y, como corolario, con la producción en masa.

Es posible reconocer una unidad conceptual en este camino entre el *Arts and Crafts Style* de William Morris, que de alguna manera trataba de rescatar el espíritu del artesano como constructor de su propia obra, saltando por sobre la alienación que producía la fábrica moderna, que separaba al hombre del resultado de su trabajo, y posteriormente, la *Bauhaus* en Alemania y los constructivistas y productivistas en la Rusia pre y posrevolucionaria, sin olvidar las influencias del movimiento *De Stijl*. Todos estos movimientos, de una u otra manera, exploraban una nueva forma de arte, en algunos casos intentando unir la estética de la obra de arte con la producción en masa, a la vez que integrando al mundo del arte los nuevos materiales y las nuevas tecnologías como el cine y la fotografía.

¿Qué significaban para estos artistas, acostumbrados a la ficción del cuadro de caballete, estas nuevas herramientas de expresión que les entregaba la tecnología? La posibilidad de mostrar la realidad tal cual era percibida por el ojo humano, o sea, de integrar arte con realidad;

---

[187] Sontag, Susan, "Una cultura y la nueva sensibilidad", *Contra la interpretación*, Alfaguara, Buenos Aires, 2005, p. 380.

como en el caso de las artes aplicadas, donde la línea de producción unificaba el diseño estético con la realidad de los individuos, pues el arte podía estar sobre la mesa en la forma de utensilio.

Esta línea de pensamiento es tomada por los constructivistas y luego por los productivistas con mucho más fuerza, en especial a partir de la Revolución de Octubre. Y debemos decir que tampoco resulta casual que quienes llevan a su máxima expresión la necesidad de unir arte y realidad hayan sido los miembros de la *Bauhaus*, en un período de efervescencia de la lucha política en Alemania y las vanguardias rusas, que en un momento de construcción de una nueva sociedad necesitan regresar al viejo concepto de *techné*, que les posibilita unir ciencia, tecnología y la estética de la obra de arte. En ambos casos, se trataba de poner el arte al servicio de un nuevo momento en la historia del hombre.

¿Por qué sostenemos esto? Porque las ideas marxistas que impulsaban el movimiento revolucionario en Europa y que culminaron en la Revolución de Octubre, incluían en sus genes a la tecnología como impulsora del cambio social. En el *Manifiesto Comunista*, Marx y Engels ya planteaban cómo el vapor y la maquinaria habían revolucionado la producción industrial, que a su vez había parido el mundo moderno, y cómo la burguesía no podía existir sino a condición de revolucionar en forma constante los instrumentos de producción. Si la tecnología empujaba los cambios en la economía y en las relaciones sociales, ¿cómo no impulsar entonces su desarrollo como condición necesaria para construir una sociedad socialista?

Por lo tanto, el viejo arte, el cuadro de caballete, debía integrarse a este proceso generando un nuevo arte. Ya no era necesaria la ficción de movimiento, pues ese lugar lo ocupaba el cine; ya no era necesario mostrar una realidad con una pintura, para ello estaba la fotografía. Después de las experiencias de Malevich o Rodchenko, para estos artistas el arte pictórico había perdido su sentido y había que buscar nuevos caminos a la obra de arte, que estaban en los nuevos instrumentos que daba la tecnología y en la línea de producción.

Estos acontecimientos sucedían en Europa, que se había constituido en el centro de los cambios en el arte y también de las revoluciones sociales, pero en el caso de la tecnología, ella hacía sentir sus efectos, con mayor o menor intensidad, en todo el planeta –con EE.UU. como uno de los líderes en este campo–, producto del proceso de mundialización de la producción y el consumo. Buenos Aires era en ese momento un lugar físicamente alejado del centro de todos estos acontecimientos, pero no ajeno en cuanto a la influencia que ellos ejercían y a los resultados que producían en las esferas política, económica y social.

Esta ciudad, que es simbólica y físicamente el lugar donde suceden los hechos que están forjando una Argentina moderna –por lo menos a partir de los objetivos de su clase dirigente–, ha sido ganada por el imaginario de la tecnología como factor de progreso. La vieja ciudad portuaria y colonial, rodeada de unas pocas industrias, se transforma en un polo industrial y a su vez es transformada por la tecnología, a través de los cambios en sus edificios, en los nuevos barrios y en los medios de transporte.

El ascenso al gobierno del peronismo, a mediados de la década de 1940, representa un momento particular en la historia argentina en cuanto al impulso desde el aparato estatal del desarrollo tecnológico, mediante la formalización de la educación técnica, las medidas a favor de la industria y la participación del Estado en el desarrollo de nuevos productos, de la ciencia y de la tecnología.

Es en este marco que un grupo de artistas, inspirado en las vanguardias europeas, pero también con la influencia de los cambios que se estaban generando en el país en el mundo del arte, decide impulsar un nuevo camino para el arte pictórico en Argentina. Y lo hace, al igual que sus antecesores en el viejo continente, mediante una ruptura radical con el arte representativo e inclusive con algunas de las propias vanguardias.

Se trata de quienes formarán el grupo de los artistas concretos, así identificados por su propuesta de un nuevo arte pictórico, que va más allá del propio concepto de *abstracción*. Una pintura que posibilitara unir la obra de arte con la realidad, tal cual venían planteando la *Bauhaus*, los constructivistas y los productivistas. Esa realidad estaba sufriendo profundas transformaciones como resultado de la unión entre ciencia, tecnología y sistema productivo, dando lugar a la producción en masa.

Las consecuencias de este proceso afectaban por igual la sensibilidad de los artistas así como del conjunto de las personas. Ante un nuevo mundo construido sobre imágenes –los diarios, las revistas, la televisión, el cine–, se hacía necesario un nuevo contenido en la pintura, donde según estas vanguardias ya no había lugar para ninguna forma de representación.

Frente al mundo concreto producido por la tecnología, sólo era posible un arte concreto, que uniera la obra de arte –el mundo de la ficción– con la realidad objetiva; un arte que fuera en la misma dirección que la ciencia y la tecnología, en el sentido del progreso. Una pintura donde el tema, como diría Raúl Lozza, al mostrarse espacialmente, sin desenvolvimiento temporal, pudiera ser interpretado según el paladar de cada receptor,[188] rompiendo así con el simbolismo presente en la representación.

Entendemos, en definitiva, que la de los artistas concretos, así como la de sus antecesores, era una búsqueda por comprender, por explicar, por expresar un mundo que

---

[188] Lozza, Raúl, *La pintura…*, ob. cit., p. 21.

ya no se podía representar; un mundo fracturado por la tecnología, que parece avanzar más allá de las posibilidades del ser humano de manejarla, y que ya en aquel momento histórico se insinuaba como dueña de las vidas de los hombres. Si el arte expresa nuestra idea de la época que vivimos y abre una puerta hacia el futuro, evidentemente los artistas concretos estaban a la búsqueda de la llave que correspondía a esa puerta.

Ésta, pensamos, es la causa de una abundante producción teórica, que es también un signo distintivo de estos artistas en Argentina. Sus raíces en las vanguardias europeas son sólo un punto de partida en la investigación y el consecuente desarrollo teórico, que inclusive iban a precipitar las diferencias dentro de los propios miembros de este movimiento.

Juan Melé[189] recuerda que los artistas concretos no habían partido de la nada, pues en Europa muchos artistas –constructivistas, neoplasticistas, el grupo *De Stijl* y otros–, habían trabajado en la misma dirección. Pero sostiene que haberlos descubierto y actualizarlos en el medio artístico nacional era de por sí un hecho revolucionario. También plantea que el valor de lo que sucedió en Argentina radica en tres puntos esenciales. Primero, la intuición de los artistas del grupo, que los condujo a conectarse con las tendencias no figurativas; segundo, el hecho de retomar y reconstruir las experiencias de constructivistas y concretos europeos analizando su producción teórica y plástica; y finalmente, no limitarse sólo a la copia pasiva de obras y estilos.

Por otra parte, además de su aporte original al desarrollo del arte en Argentina, es necesario comprender el accionar y las propuestas de los artistas concretos en el contexto histórico en el cual desarrollaron sus actividades, en forma independiente de los caminos que adoptaron

---

[189] Melé, Juan N., *La vanguardia del 40...*, ob. cit., p. 86.

con posterioridad. Así es como también se entiende su adhesión al marxismo y su vinculación con el Partido Comunista como parte de una corriente de construcción de una sociedad socialista, en un mundo donde ciencia, tecnología, desarrollo industrial y progreso iban de la mano de la promesa de una sociedad más justa y más humana.

Posteriormente, la influencia de la Unión Soviética en las posiciones de los comunistas argentinos llevaría a un enfrentamiento entre las posiciones del partido de defensa del llamado "realismo socialista" y contra el vanguardismo considerado deshumanizado y decadente, y las de los artistas concretos, que conducirían a la expulsión del partido de los pintores de este movimiento que se habían afiliado, a excepción de Lozza, Bayley y Contreras.

Este debate tiene lugar en el año 1948, tal cual lo reproduce Horacio Tarcus,[190] que expone el intercambio de cartas entre Rodolfo Ghioldi, miembro de Comité Central del PC, y el crítico de arte Cayetano Córdova Iturburu. Frente al ataque de Ghioldi al arte de vanguardia, como reflejo de la política de disciplinamiento impuesta desde Moscú sobre el frente cultural de los comunistas (lejanos habían quedado los días en que este tipo de arte formaba parte del torrente revolucionario en la URSS), Córdova Iturburu no sólo disiente, sino además –pensamos– su respuesta es una apretada pero excelente síntesis del porqué de la necesidad de un arte de vanguardia en ese momento.

En su carta expresa: "Pienso, en una palabra, que no podemos hablar válidamente, desde el punto de vista artístico sino con el idioma artístico de nuestra edad. La sensibilidad del hombre moderno es una consecuencia de los factores sociales, políticos, económicos y técnicos de nuestro tiempo. ¿No creer que la visión constante de

---

[190] Tarcus, Horacio, "La pelea de las vanguardias", diario *Clarín*, Suplemento Zona, Buenos Aires, 12 de julio de 1998.

nuestras ciudades de cemento y hierro, que todo el espectáculo artificial del mundo de hoy, que las máquinas que nosotros vemos todos los días y que no vieron nuestros antepasados, han modificado nuestra concepción de lo bello y lo feo, nuestra sensibilidad estética, en una palabra?"

Aunque posteriormente a esta carta Córdova es expulsado también de las filas del comunismo, es interesante preguntarse por qué algunos no sólo no son expulsados, sino que incluso mantienen su adscripción al arte de vanguardia. Si bien ya escapa a los objetivos de este trabajo, hay que mencionar el caso de Raúl Lozza, que a través de su revista *Perceptismo*, publicada hasta 1953, y en su producción teórica y artística posterior, continúa en el camino de la profundización del arte concreto, en abierta contradicción en ese momento con los postulados oficiales del Partido Comunista, al cual pertenecerá hasta su muerte.

También Alfredo Hlito reflexiona sobre esa etapa y la describe como el momento en que parecían coincidir los cambios radicales en el arte con aquellos que en el ámbito económico y social parecían tender hacia el colectivismo, pues esos movimientos –se refiere a las vanguardias– contenían un programa que era colocar al arte ante su verdadero destino, el que el hombre merecía.[191]

Cuando en el reportaje publicado en 1989, citado en este trabajo,[192] le preguntan a Maldonado sobre esta etapa de su actividad artística, sostiene que el año 1948 representó un punto de inflexión en relación con el período anterior de 1943-1948. La causa es que se empieza a viajar y, en su caso, al conocer a los artistas de vanguardia europeos, especialmente los concretos suizos, Maldonado inicia una

---

[191] Hlito, Alfredo, "Situación del arte concreto", *Revista Nueva Visión*, núm. 6, 1955, pp. 25-29. En Hlito Alfredo, *Escritos...*, ob. cit., pp. 41-42.
[192] Maldonado, Tomás, *Escritos...*, ob. cit., pp. 117-127.

etapa de cambios tomando distancia de los aspectos experimentales que habían caracterizado el período anterior.

También plantea que, en el período de 1943 a 1948, ellos habían tenido una relación fuertemente crítica con la vanguardia europea tratando de llevar hasta la destrucción los paradigmas artísticos que se intuyeron en el viejo continente. De alguna manera, tenían la pretensión –en sus palabras– de colonizar al colonizador, situación que piensa se transformó con posterioridad en una ficción.

Pero más allá de los distintos caminos que fueron tomando luego estos artistas, lo cierto es que constituyeron una vanguardia argentina con influencias europeas, pero también con características propias, que experimentaron y crearon teoría, y a la vez, pudieron interpretar un momento histórico donde la tecnología modificaba el imaginario de las personas y correlativamente su sensibilidad frente a la obra de arte. Procuraron, entonces, buscar un camino para el arte que lo uniera a las dimensiones de la ciencia, la tecnología y la producción, del cual nunca podría estar separado, en la medida en que todos forman parte del entramado de lo social, lo cual, en un proceso circular, nos conduce de regreso a nuestra vieja idea de *techné*.

BIBLIOGRAFÍA

Agosti, Héctor P., *Defensa del Realismo*, Buenos Aires, Editorial Lautaro, 1962.
Álvarez, Revilla, Álvar *et al.*, *Tecnología en acción*, Barcelona, España, Ediciones Rap, 1993.
Aristóteles, *Poética*, Buenos Aires, Editorial Leviatán, 2004.
Arte Rama, *Enciclopedias de las artes de todos los pueblos en todos los tiempos*, vols. I y II, Buenos Aires, Editorial Codex, 1962.
Babini, José, *Historia universal de la ciencia y de la técnica*, tomo I, *Nace el homo sapiens*, Buenos Aires, Centro Editor de América Latina, 1978.
Behrens, Peter, "Arte y técnica", en Maldonado, Tomás (comp.), *Técnica y cultura. El debate alemán entre Bismarck y Weimar*, Buenos Aires, Ediciones Infinito, 2002.
Benjamin, Walter, "La obra de arte en la época de su reproductibilidad técnica", *Discursos Interrumpidos*, Barcelona, España, Taurus, 1973.
Bischoff, Ulrich, *Max Ernst. 1891-1976. Más allá de la pintura*, Colonia, Alemania, Benedikt Taschen, 1993.
Burucúa, José Emilio (director de tomo), *Nueva historia argentina. Arte, sociedad y política*, Buenos Aires, Editorial Sudamericana, 1999.
Burucúa, José Emilio, *Historia, arte, cultura. De Aby Warburg a Carlo Ginzburg*, Buenos Aires, Fondo de Cultura Económica, 2003.
Burucúa, José Emilio, *Historia y ambivalencia. Ensayos sobre arte*, Buenos Aires, Editorial Biblos, 2006.
Butler, Samuel, *Erewhon, un mundo sin máquinas*, Barcelona, España, Editorial Abraxas, 1999.

Calabrese, Omar, *El lenguaje del arte*, Barcelona, España, Ediciones Paidós Ibérica, 2003.

Carozzi, María Julia; Maya, María Beatriz y Magrassi, Guillermo E., *Conceptos de Antropología Social*, Buenos Aires, Centro Editor de América Latina, 1980.

Colombo, María Elena, *Lenguaje. Una introducción al estudio psicológico de las habilidades humanas para significar*, Buenos Aires, Proyecto Editorial, 2005.

Córdova, Iturburu, *Cómo ver un cuadro*, sexta edición, Buenos Aires, Editorial Atlántida, 1954.

Danto, Arthur C., *Después del fin del arte. El arte contemporáneo y el linde de la historia*, Buenos Aires, Ediciones Paidós, 2003.

De Micheli, Mario, *Las vanguardias artísticas del siglo XX*, Córdoba, Argentina, Editorial Universitaria de Córdoba, 1968.

Droste, Magdalena, *Bauhaus 1919-1933*, Colonia, Alemania, Benedikt Taschen, 1993.

Engels, Federico, "El papel del trabajo en la transformación del mono en hombre", en Donat, Meter y Ulrich, Herbert, *Así se elevó el hombre sobre el reino animal*, Buenos Aires, Editorial Cartago, 1975.

Ferraro, Ricardo, *Para qué sirve la tecnología*, Buenos Aires, Capital Intelectual, 2005.

Fèvre, Fermín, *Emilio Pettoruti*, Buenos Aires, Editorial El Ateneo, 2000.

Fischer, Ernst, *La necesidad del arte*, Barcelona, España, Ediciones Península, 2001.

Freud, Sigmund, *Tótem y tabú*, Madrid, España, Alianza Editorial, 1980.

Freund, Gisèle, *La fotografía como documento social*, quinta edición, Barcelona, España, Editorial Gustavo Gili, 1993.

Gadamer, Hans-Georg, *La actualidad de lo bello*, Buenos Aires, Ediciones Paidós, 2003.

Gombrich, Ernst H., *Arte e ilusión. Estudio sobre la psicología de la representación pictórica*, Madrid, España, Editorial Debate, 2003.
Gombrich, Ernst H., *Breve historia de la cultura*, Barcelona, España, Ediciones Península, 2004.
Gombrich, Ernst H., *La historia del arte*, Buenos Aires, Editorial Sudamericana, 2004.
Gombrich, Ernst y Eribon, Didier, *Lo que nos dice la imagen. Conversaciones sobre el arte y la ciencia*, Bogotá, Colombia, Editorial Norma, 1993.
Hlito, Alfredo, *Escritos sobre arte*, Buenos Aires, Academia Nacional de Bellas Artes, 1995.
Hobsbawm, Eric, *A la zaga. Decadencia y fracaso de las vanguardias del siglo XX*, Barcelona, España, Editorial Crítica, 1999.
Huyssen, Andreas, *Después de la gran división. Modernismo, cultura de masas, posmodernismo*, Buenos Aires, Adriana Hidalgo, 2006.
Klingender, Francis Donald, *Arte y Revolución Industrial*, Madrid, España, Ediciones Cátedra, 1983.
Le Goff, Jacques, *En busca de la Edad Media*, Buenos Aires, Editorial Paidós, 2004.
Lisa, Esteban, *Kant, Einstein y Picasso*, Buenos Aires, Escuela de Arte Moderno de Buenos Aires "Las cuatro dimensiones", 1956.
Lothe, Henri, *Hacia el descubrimiento de los frescos del Tasili. La pintura prehistórica del Sahara*, Barcelona, España, Ediciones Destino, 1975.
Lozza, Raúl, *La pintura como mentira y otras editoriales en Perceptismo*, Buenos Aires, Selecciones de Amadeo Mandarino, 2002.
Lozza, Raúl, *Ensayo de apertura hacia mi teoría estructural del color*, Buenos Aires, Selecciones de Amadeo Mandarino, 2003.

Maldonado, Tomás, *Escritos Preulmianos*, Buenos Aires, Ediciones Infinito, 1997.
Maldonado, Tomás (comp.), *Técnica y Cultura. El debate alemán entre Bismarck y Weimar*, Buenos Aires, Ediciones Infinito, 2002.
Malosetti Costa, Laura, "Las artes plásticas entre el ochenta y el Centenario", en Burucúa, José Emilio (director de tomo), *Nueva historia argentina. Arte, sociedad y política*, Buenos Aires, Editorial Sudamericana, 1999.
Marx, Carlos y Engels, Federico, *Manifiesto Comunista*, Buenos Aires, Editorial Anteo, 1960.
Melé, Juan N., *La vanguardia del 40. Memorias de un artista concreto*, Buenos Aires, Ediciones Cinco, 1999.
Meyer, Hannes, "El nuevo mundo", en Maldonado, Tomás (comp.), *Técnica y cultura. El debate alemán entre Bismarck y Weimar*, Buenos Aires, Ediciones Infinito, 2002.
Mondado, Enrique; Fernández, Francisco Javier y Doiro, Manuel (comps.), *La innovación tecnológica en las organizaciones*, Madrid, España, Thomson, 2003.
Mumford, Lewis, *Arte y técnica*, Buenos Aires, Ediciones Nueva Visión, 1961.
Mumford, Lewis, *Técnica y civilización*, Madrid, España, Alianza Editorial, 2002.
Ortega y Gasset, José, "Meditación del marco", *El Espectador*, tomo III, Madrid, España, Editorial Edaf, 1998.
Perrazo, Nelly, *El arte concreto en la Argentina*, Buenos Aires, Ediciones de Arte Gaglianone, 1983.
Platón, *Diálogos. Critón, Fedón, El banquete, Parménides*, Madrid, España, Edaf, 1999.
Raurich, Héctor, *De la crítica como creación*, Buenos Aires, Ediciones Marymar, 1965.
Riegl, Alois, *El arte industrial tardo romano*, Madrid, España, Visor Dis, 1992.

Romero Brest, Jorge, *Qué es el arte abstracto*, segunda edición, Buenos Aires, Editorial Columba, 1953.
Sarlo, Beatriz, *La imaginación técnica. Sueños modernos de la cultura argentina*, Buenos Aires, Ediciones Nueva Visión, 1997.
Schuhl, Pierre-Maxime, *Maquinismo y filosofía*, Buenos Aires, Ediciones Galatea Nueva Visión, 1955.
Shiner, Larry, *La invención del arte. Una historia cultural*, Barcelona, España, Ediciones Paidós Ibérica, 2004.
Smith Merritt, Roe y Marx, Leo, *Historia y determinismo tecnológico*, Madrid, España, Alianza Editorial, 1996.
Snow, C. P., *Las dos culturas*, Buenos Aires, Ediciones Nueva Visión, 2000.
Sófocles, *Antígona*, Buenos Aires, Biblos, 2005.
Sombart, Werner, "Técnica y cultura", en Maldonado, Tomás (comp.), *Técnica y cultura. El debate alemán entre Bismarck y Weimar*, Buenos Aires, Ediciones Infinito, 2002.
Sontag, Susan, *Contra la interpretación*, Buenos Aires, Alfaguara, 2005.
Taylor, Frederick Winslow, *Management científico*, Madrid, España, Ediciones Orbis, 1984.
Van de Velde, Henry, "Arte e industria", en Maldonado, Tomás (comp.), *Técnica y cultura. El debate alemán entre Bismarck y Weimar*, Buenos Aires, Ediciones Infinito, 2002.
Wechsler, Diana B., "Impacto y matices de una modernidad en los márgenes", en Burucúa, José Emilio (director de tomo), *Nueva historia argentina. Arte, sociedad y política*, Buenos Aires, Editorial Sudamericana, 1999.

Artículos en publicaciones periódicas, fascículos y Anuarios

"Manifiesto Blanco", Publicado por los alumnos de Lucio Fontana, Buenos Aires, 1946. Disponible en línea: www.buenosaires.gov.ar/areas/cultura/arteargentino

AA.VV., "Homenaje a Gyula Kosice", *Revista Ramona*, núm. 43-44, Buenos Aires, agosto-septiembre de 2004.

AA.VV., *Pintura Argentina. Panorama del período 1810-2000. Abstracción I*, vol. 20, Buenos Aires, Ediciones Banco Velox, 2001.

AA.VV., *Revista Arturo*, núm. 1, Buenos Aires, verano de 1944.

Almanaque del fin del siglo, Instituto Movilizador de Fondos Cooperativos, Buenos Aires, 2000.

Anuario del diario *La Nación, Cuanto cambió el mundo en 2005*, Buenos Aires, 4 de enero de 2006.

Anuario del diario *La Razón, Historia viva. 1816-1966*, Buenos Aires, 9 de julio de 1966.

Astorga, J. Juan, *Meditación sobre el misterio del arte en la era de la furia técnica*, Bogotá, VEREDA, Venezuela Red de Arte., Universidad de Los Andes, Humanidades y Educación. Disponible en línea: http://vereda.saber.ula.ve

Berenguer, Xavier, "Arte y tecnología. Una frontera que se desmorona", *Artnodes, Revista de ciencia, arte y tecnología*, núm. 2, Catalunya, Universitat Oberta de Catalunya, 2003. Disponible en línea: www.uoc.edu/artnodes

Castoriadis, Cornelius, "Técnica", en *Revista Artefacto: Pensamientos sobre la técnica*, núm. 5, Buenos Aires, verano de 2003-2004.

Darío, Rubén, "Marinetti y el futurismo", en diario *La Nación*, Buenos Aires, 5 de abril de 1909.

Gradowczyk, Mario H., "Manuel Espinosa: una (re)lectura del arte abstracto y sus operaciones", en *Revista Ramona*, Buenos Aires, abril de 2004.

Huyssen, Andreas, "Modernismo y globalización", en diario *La Nación*, Suplemento Cultura, Buenos Aires, 20 de agosto de 2006.

Irigoyen, Emilio, "El arte es una máquina de (des)montaje. Fordismo-Taylorismo y vanguardias artísticas a principios del siglo XX", en *Scripta. Nova Revista electrónica de Geografía y Ciencias Sociales*, vol. VI, núm. 119, Barcelona, Universidad de Barcelona, 1 de agosto de 2002. Disponible en línea: www.ub.es/geocrit/nova.htm

Longoni, Ana y Lucena, Daniela, "De cómo el "júbilo creador" se trastocó en "desfachatez". El pasaje de Maldonado y los concretos por el Partido Comunista. 1945-1948", en *Políticas de la Memoria*, Anuario de Investigación e Información del CEDINCI, núm. 4, Buenos Aires, CEDINCI, verano de 2003-2004.

Maldonado, Tomás, "El arte concreto y el problema de lo ilimitado. Notas para un estudio teórico. Zurich 1948", *Revista Ramona*, edición especial, Buenos Aires, 2003.

Moledo, Leonardo, "Pinta tu época", conferencia en homenaje a Albert Einstein, Centro Cultural Borges, Buenos Aires. Reproducida por diario *Página 12*, Suplemento Radar, Buenos Aires, 10 de julio de 2005, pp. 19-21.

Olabuenaga García, Alicia, "De la técnica a la techné", *Revista A PARTE REI. Revista de Filosofía*, núm. 1, junio de 1997. Disponible en línea: http://serbal.pntic.mec.es

Orientación, Órgano oficial del Partido Comunista Argentino, año X, segunda época, núms. 304 y 327, Buenos Aires.

Pogoriles, Eduardo, "Casi un siglo de Raúl Lozza, el artista que pelea contra la tiranía del tiempo", diario *Clarín*, Buenos Aires, 24 de diciembre de 2005.

Tarcus, Horacio, "La pelea de las vanguardias", diario *Clarín*, Suplemento Zona, Buenos Aires, 12 de julio de 1998.

Filmografía

Making masterpieces, BBC, 1998, Capítulos I al IV. Escrita y presentada por Neil McGregor, Director de la National Gallery, Londres.
How the art produce the world, Producción, KCET-BBC, 2005, Capítulos I al IV. Director de la serie: Mark Hedgecoe.
The private life of a masterpiece. Les Demoiselles d'Avignon, BBC. Dirección: Judith Winnan.

Catálogos de exposiciones y museos

Arte Madí, Proyecto 0660, Buenos Aires, Fundación Klemm-Academia Nacional de Bellas Artes, agosto-septiembre de 2006.
Checa en Argentina, Buenos Aires, Museo Nacional de Bellas Artes, febrero de 2006.
Esteban Lisa en el Museo Nacional de Bellas Artes, Buenos Aires, Museo Nacional de Bellas Artes, julio de 1999.
Esteban Lisa. El legado del color, Buenos Aires, Fondo Nacional de las Artes, abril de 2006.
Guía del Museo Thyssen-Bornemiza, segunda edición, Madrid, España, 1998.
Juan Melé, hoy, Buenos Aires, Exposición en el Palais de Glace, noviembre de 2004.
Raúl Lozza. Hacia la pintura concreta y un homenaje, Buenos Aires, Centro Cultural de la Cooperación Floreal Gorini, diciembre de 2005.

ANEXO I. CRONOLOGÍA POLÍTICA, CULTURAL Y TECNOLÓGICA

Esta relación de hechos abarca con elasticidad el período de la obra, ya que los acontecimientos se han presentado como una unidad conceptual debiendo traspasar los límites estrictos de los años propuestos en el título. Sólo se han incluido algunos hechos, considerados representativos de los grandes cambios producidos en el período.

Año	Acontecimiento político	Cultural	Tecnológico
1826			*Niépce*, primera imagen fotográfica considerada como tal
1837			*Daguerre*-daguerrotipo: primer método fotográfico práctico, presentado en sociedad en 1839
1841			Talbot inventa el "calotipo". Proceso negativo-positivo
1848	Revolución proletaria en París		
1871	Comuna de París		
1874		Claude Monet exhibe en el Salón *des Refusés* la obra *Impresión, amanecer*, que da origen al término *impresionismo*	Máquina de escribir *Remington*
1876			Alexander Graham Bell patenta el teléfono

Año	Acontecimiento político	Cultural	Tecnológico
1877			Tomás A. Edison: invención del fonógrafo
1888			William Burroughs patenta la máquina sumadora impresora
1888			Emilio Berliner patenta el gramófono
1889			George Eastman (Kodak), primer soporte flexible para fotografía (película transparente)
1894			Marconi prueba la telegrafía sin hilos
1895			Louis y Auguste Lumière inician la historia del cine
1897		Movimiento de la *Secessión* en Viena	
1899			*Argentina*: el Dr. Alejandro Posadas filma sus operaciones quirúrgicas
1899			Georges Meliès rueda el primer gran film (cerca de 15 minutos) *L'Affaire Dreyfus* (Francia)
1899			Meliès experimenta trucajes con la cámara de cine (Francia)
1900		Sigmund Freud, *La interpretación de los sueños*	

Año	Acontecimiento político	Cultural	Tecnológico
1902			Primeros diez discos *gramophone*; versiones de Enrico Caruso
1903			Edwin S. Porter, montaje de escenas filmadas (EE.UU.)
1905	Revolución Rusa de 1905		
1905		Constitución del grupo de expresionistas alemanes *Die Brücke* ('El puente')	
1906			Nochebuena. Nacimiento "oficial" de la radio
1907			Primer sistema comercializado de fotografía color de los hermanos Lumière
1907		Picasso pinta "*Les Demoiselles d'Avignon*"	
1908			Se lanza al mercado el primer automóvil Ford modelo "T"
1909		"Primer Manifiesto Futurista", "Manifiesto del rayonismo", primer cuadro metafísico de De Chirico	

Año	Acontecimiento político	Cultural	Tecnológico
1910			Nace el cine argentino con *El fusilamiento de Dorrego*
1910		Braque y Picasso realizan sus primeros *collages* cubistas	
1911		Arnold Schönberg publica su *Teoría de la armonía*, base del concepto dodecafónico de la música	Frederick Winslow Taylor publica *The Principles of Scientific Management*
1911		Constitución del grupo de pintores *Der Blaue Reiter* ('El jinete azul')	
1912			*Argentina: Anasagasti*, el primer automotor de fabricación nacional en serie
1913		Apollinaire: publicación de *Alcools*	
1913		Estreno con "escándalo" de *La consagración de la primavera* de Igor Stravinski	
1914	Estallido de la Primera Guerra Mundial		*Argentina: Amalia*. Primera película en largometraje

Año	Acontecimiento político	Cultural	Tecnológico
1916		Tzara, Arp y otros intelectuales exiliados en Suiza fundan en el café *Voltaire* de Zurich el movimiento *dadaísta*	
1917	Revolución Rusa de abril: fin del zarismo	Erik Satie estrena su ópera en miniatura *Parade* con libreto de Cocteau y escenografía y vestuario de Picasso	
1917	Revolución Rusa de Octubre: Revolución Bolchevique		
1917		Primer número Periódico *De Stijl* ('El Estilo') y nacimiento del Movimiento en los Países Bajos	
1917		Marcel Proust: primer volumen de *En busca del tiempo perdido*	
1919	Constitución de la República de Weimar	Nacimiento de la *Bauhaus*	
1919	Revolución alemana o *espartaquista*		
1919	Revolución comunista en Hungría	Breton, Aragon y Soupault fundan la revista *Littérature*	

Año	Acontecimiento político	Cultural	Tecnológico
1920		Moscú: "Manifiesto del realismo"	
1920		Moscú: "Programa del grupo productivista"	
1921		Publicación de *Ultra*, revista clave del movimiento ultraísta	
1922	Ascenso al poder de Mussolini	James Joyce publica *Ulisses*	
1923	*Putsch* fascista en Munich		
1924		André Breton publica el *Primer Manifiesto Surrealista*	
1924		Emilio Pettoruti expone con "escándalo" en la Galería Witcomb, en *Buenos Aires*	
1925		Kafka: *El proceso*	
1925		Fundación de la revista *La révolution surréaliste*	
1927			Primeras emisiones públicas de televisión por la BBC de Londres
1927			Inicio cine sonoro: *The Jazz Singer*, protagonizada por Al Jolson

Año	Acontecimiento político	Cultural	Tecnológico
1928		Brecht estrena *La ópera de los tres centavos*	
1929		Buñuel y Dalí realizan el corto *Un chien andalou*	
1929	Crisis de la bolsa de Wall Street		
1930	*Argentina*: golpe de Estado contra el gobierno del presidente Yrigoyen	Número único de la revista *Art Concret* en Francia	
1931			En Alemania se inventa el *Microscopio electrónico*
1931			En EE.UU., Vannevar Bush desarrolla el Analizador diferencial: *computadora analógica*
1933	Hitler llega al poder		
1935			Se presenta el magnetófono (grabador de cinta) en la Exposición Radiotécnica de Berlín
1935			Cine Technicolor. Película *La feria de la vanidad (Becky Sharp)* de Rouben Mamoulian
1936	Inicio Guerra Civil Española		El servicio de televisión de Londres inicia sus emisiones regulares

Año	Acontecimiento político	Cultural	Tecnológico
1937		Picasso pinta el *Guernica* para el pabellón de la República Española en la Exposición Internacional de París	
1938			Chester Carlson patenta la "electrofotografía", tecnología base de las fotocopiadoras
1939	Se inicia la Segunda Guerra Mundial		
1940			Debut de la televisión color
1941			Alemania: Konrad Zuse crea la computadora Z3
1944		Número único de la revista *Arturo* en *Buenos Aires*	
1945	Fin de la Segunda Guerra Mundial	Primera exposición en *Buenos Aires Art Concret Invention*	
1946	*Argentina*: Perón es elegido Presidente constitucional		Computadora electrónica ENIAC
1947			Invento del transistor en los Laboratorios Bell
1947			El húngaro Dennis Gabor inventa la *Holografía*

Año	Acontecimiento político	Cultural	Tecnológico
1947			Polaroid: primera película fotográfica de *revelado rápido*
1948			CBS lanza al mercado el disco Long Play, desarrollo de Peter Goldmark
1951			Primera computadora con propósito no militar: UNIVAC I

Fuente: elaboración propia sobre fuentes múltiples.

Nota: este cuadro, contiene las limitaciones propias de cualquier relación de fechas y acontecimientos. El día o el año en que se registra un hecho es el resultado de procesos previos, en ocasiones muy extendidos en el tiempo, de la misma forma que sus efectos impactan en el futuro entrelazándose con otros sucesos.

www.ingramcontent.com/pod-product-compliance
Lightning Source LLC
Chambersburg PA
CBHW020659220526
45464CB00001B/496